乡村产业振兴理论与实践

郭威威 著

湘潭大学出版社
XIANGTAN UNIVERSITY PRESS

图书在版编目（CIP）数据

乡村产业振兴理论与实践 / 郭威威著. -- 湘潭 : 湘潭大学出版社, 2022.10
ISBN 978-7-5687-0997-2

Ⅰ. ①乡… Ⅱ. ①郭… Ⅲ. ①乡村一农业产业一产业发展一研究一中国 Ⅳ. ①F323

中国版本图书馆 CIP 数据核字 (2022) 第 258129 号

乡村产业振兴理论与实践

XIANGCUN CHANYE ZHENXING LILUN YU SHIJIAN

郭威威 著

责任编辑：丁立松
封面设计：清　清
出版发行：湘潭大学出版社
社　　址：湖南省湘潭大学工程训练大楼
电　　话：0731-58298960 0731-58298966（传真）
邮　　编：411105
网　　址：http://press.xtu.edu.cn/
印　　刷：长沙创峰印务有限公司
经　　销：湖南省新华书店
开　　本：710 mm×1000 mm 1/16
印　　张：10
字　　数：154 千字
版　　次：2022 年 10 月第 1 版
印　　次：2022 年 10 月第 1 次印刷
书　　号：ISBN 978-7-5687-0997-2
定　　价：52.00 元

前 言

2017年12月，中央农村工作会议提出，实施乡村振兴战略是我们党“三农”工作一系列方针政策的继承和发展，是中国特色社会主义进入新时代做好“三农”工作的总抓手。会议指出，实施乡村振兴战略必须立足国情农情，切实增强责任感、使命感、紧迫感，举全党全国全社会之力，以更大的决心、更明确的目标、更有力的举措，推动农业全面升级、农村全面进步、农民全面发展，谱写新时代乡村全面振兴新篇章。会议明确了乡村振兴战略三步走的目标任务：到2020年，乡村振兴取得重要进展，制度框架和政策体系基本形成；到2035年，乡村振兴取得决定性进展，农业农村现代化基本实现；到2050年，乡村全面振兴，农业强、农村美、农民富全面实现。实施乡村振兴战略，要坚持党管农村工作，坚持农业农村优先发展，坚持农民主体地位，坚持乡村全面振兴，坚持城乡融合发展，坚持人与自然和谐共生，坚持因地制宜、循序渐进。

随着人工智能、量子信息、移动通信、物联网、区块链等新一代信息技术与实体经济的深度融合，现代农业装备正向高度自动化、智能化方向发展。通过采用中央处理、总线技术等实现了智能化控制；通过全球卫星定位、机器视觉等技术的融合，实现了农业装备智能化管理；农业生产流程更高效、精准，实现了资源节约和环境友好。在促进农业生产和资源环境协调发展的背景下，将生态循环经济的理念运用于现代农业生产已成为我国农业绿色发展的必然趋势。构建新型农业经营体系，是增强农业发展动力和活力的需要。构建新型农业经营体系，重点是要培育新型农业经营主体。农业发展新阶段要求农业进行结构性调整和发展方式的改变，更需要良好的社会化服务为其提供有力支撑。

现代农业，要求农产品品种、农业生产技术、农业生产管理、农业市场规范、农村信息建设均需标准化，建设现代农业的过程，实质上就是农业标准化的过程、农业信息化的过程和农业市场化的过程。鉴于此，农业标准化是现代农业的重要基石和重要标志，没有农业的标准化，就谈不上建设现代农业。农业标准化是促进科技成果转化为生产力的有效途径，是提升农产品质量安全水平、增强农产品市场竞争能力的重要保证，是提高经济效益和增加农民收入的基本前提，是加快农业产业转型升级的重要手段。农业标准化既是实施农业产业化和可持续发展的客观要求，也是农业现代化、国际化的一个重要特征，标志着现代农业发展的方向与要求。

本书共五章。第一章是关于乡村产业振兴理论脉络与政策演进的论述；第二章是构建现代乡村产业体系，介绍农业产业调整的举措以及现代乡村产业应向绿色品牌农业、数字信息农业、生态循环农业的发展方向前行；第三章是构建现代农业经营体系，介绍现代农业经营的内涵、主体以及主体建设；第四章是构建现代农业生产体系，从设备智能化、农业生产社会化服务体系、现代农业体系建设与创新实践、农业标准化体系四个方面进行论述；第五章是乡村产业振兴的实践案例，对广西、赣南、山东菏泽市的具体乡村产业振兴实践案例进行了详细的论述。

本书语言通俗易懂，简明扼要，结构清晰，力求为相关从业者、学生、乡村产业振兴爱好者以及广大读者提供一定的参考和借鉴。由于作者的水平有限，书中难免存在一些不足，请广大读者批评指正。

作者

2021 年 6 月

目 录

第一章

乡村产业振兴理论脉络与政策演进

乡村振兴战略有着丰富的理论作支撑。本章分别从中国古代的重农思想、西方经济学派关于乡村发展理论、马克思主义关于乡村发展理想对乡村振兴战略理论、乡村产业振兴政策及实施步骤进行梳理和归纳。

第一节　乡村产业振兴理论基础

乡村振兴战略的实施必须建立在相关的理论基础之上，中国的古代和西方经济学派都有乡村发展相关的理论，本节对中西方的相关理论进行介绍。

一、中国古代的重农思想

早在原始社会部落联盟的尧、舜、禹时代，中国就出现了农业管理思想，设立了掌管治水、农耕、渔猎的官职。到春秋战国时期，列国并立，群雄争霸，富国强兵成为各诸侯国一致追求的目标。富国和强兵都离不开农业生产的发展。于是，形形色色的重农思想登上了历史的舞台。其中的“国富论”与“民富论”“上下俱富论”“轻重论”（政府控制论）、“善因论”（市场调节论）以及“三才论”等，在历史上都产生过重要影响。

（一）“国富论”与“民富论”

最早提出“国富论”的代表人物是战国时期的著名政治家商鞅，商鞅把“治、富、强、王”列为国家的最高政治目标。这里的“治”指社会秩序良好；“富”指国库充盈；“强”指军事兵力强盛；“王”即统一天下。要实现这一目标，必须大力发展农业生产。商鞅首次在理论上将农业定为“本业”，而将农业以外的其他经济行业一概称为“末业”，主张“事本”而“抑末”。这就是我国历史上推行“重农抑商”政策的理论由来。“国富”是《商均书》中出现频率很高的词汇。但是商鞅的“国富”专指中央财政的国库充盈，是狭义的“国富论”。实现“国富”的途径，一方面要加强和发展农业生产，另一方面要增加税收，做到“民不逃粟（实物农业税），野无荒草”，由此可见，商鞅的“国富论”，实际上是一种重农与重税论。这在特定的时代条件下是暂时可行的和有效的，但同时也带有严重的历史局限性和利益分配的偏颇性，特别是在思想理论上对后来推行的“重农抑商”政策产生了长期的负面影响。

与“国富论”相对立的是“民富论”，其代表人物是孟轲，他提出了所谓“王道”。他说：“不以仁政，不能平天下。”施行仁政，首先要使人民生活富足，安居乐业。孟轲提出要让农民拥有赖以生活的“恒产”，即耕地。人民的粮食充足了，生活富足了，难道还会有“不仁”的行为吗？孟轲所竭力提倡的“仁政富民”思想，体现在农业经济政策上就是“重农不抑商”，这是很值得称道的。

（二）“上下俱富论”

“国富论”与“民富论”的不同之处在于前者重在“立国”，后者重在“治国”。经过长期的百家争鸣和社会实践，到战国后期出现了融合两派观点的新经济管理理论，即“上下俱富论”。这个经济学派的理论核心是主张国家在政策取向上必须做到“上下俱富”，否则，国富民贫或民富国贫都是危险的。《管子》和《荀子》比较集中地阐述了这种新的理论。《管子》吸收了商鞅的“农本”思想，认为农业是社会经济的基础，只有发展农业生产，才能使国库充盈和人民富足，更好地抵御外侵，提出了“仓廪实则知礼节，衣食足则知荣辱”“民事农则田垦，田垦则粟多，粟多则国富。国富则兵强，兵强者战胜”的千古名言。但是，要建立一个富强而祥和的国家，应该是国与民同富，而不能把二者对立起来。他说：“善为国者，必先富民，然后治之”。荀子的经济思想核心是“以政裕民”，与今天常说的“政策兴农”很相近。“以政裕民”要求统治者要减轻农民的赋税负担，合理征收集市商品的交易税，减少商人的数量，少抽调民夫徭役，尤其不要妨碍农事耕作，这样国家就富裕了。荀子的理论贡献在于他第一次阐明了“国富”应当是国家财富总量的增加，并将之定义为“上下俱富”，而在他之前的“国富论”往往只是指中央政府财政收入的增加。荀子主张通过“节用裕民”等一系列政策措施来管理和促进农业生产，他认为“饮用故多余，裕民则民富。民富则田肥以易，田肥以易则粟百倍”。

（三）“轻重论”和“善因论”

“轻重论”的代表人物是桑弘羊，他是西汉著名的理财专家。桑弘羊的理论依据是：第一，影响市场商品价格的要素来自三个方面，一是年成丰歉和农作物收获的季节变化，“岁有凶穰，时有春秋，故谷有贵贱”；二是商人的囤积聚散，“聚则重，散则轻”；三是政府的赋税征收，“急则重，缓则轻”。第二，国家可以利用“物多则贱，寡则贵”的物价变动规律来增加财政收入，这么做即使不向人民征收人口税（万民无籍），财富也会流入国库之中。第三，国家利用“轻重之术”来聚敛财富，在政治上也有多方面的好处，“取之于民而民无以怨”；避免巨商大贾“豪夺吾民”；能使黎民百姓“无不系于上”。因此，主张“行轻重之术”，以实现国家对农业生产和社会财富的调控与管理。

与“轻重论”相反的经济管理理论是司马迁提出的“善因论”。语出《史记货殖列传》：“善者因之，其次利道之，其次教诲之，其次整齐之。最下者与之争。”这段话的核心是“因之”。司马迁在它之前加上“善者”，观点十分明确，即主张国家应当顺应经济的自然运行，减少对经济活动的干预。在“因之”的前提下，可以通过让利于民的办法引导人民从事某些有利于国家经济全局的活动，这叫“利道之”；还可以采用教育感化的办法来规范人们的经济行为，这叫“教诲之”；还必须采取行政法律手段来强化经济秩序，整顿经济活动中的不法行为，这叫“整齐之”。在司马迁看来，政府只是经济活动的管理者，如果直接参与经济经营就是“与民争利”，就会扰乱经济活动的正常运行。因此，他认为“轻重论”学派的干预主义是“最下者”。司马迁的理论依据是：第一，经济活动的动力来自人们的求富欲望。第二，人们的物质需要是多方面的。只要人们依法从事经济活动，政府就别去干预他。某种商品的价格低了人们会减少生产，自然就会变贵，反之也一样。第三，人们的贫富差别是由于人的能力大小造成的，“巧者有余，拙者不足”，是天经地义的事情。

（四）农业“三才”论

古代思想家对农业与自然环境、农业资源配置利用等问题也提出过许多经世致用的思想，“三才论”是其中具有农业哲学意义的一个宏观性的理论。“三才”始见于《周易》“说卦”，专指哲学概念的天、地、人，也称天道、地道、人道。战国时代的许多思想家从不同角度论述了“三才”之间的相互关系。管子将“三才论”称为“三度”。“所谓三度者何？曰：上度之天祥，下度之地宜，中度之人顺。”孟子指出“天时不如地利，地利不如人和”。荀子从治国理财的角度强调“上得天时，下得地利，中得人和”，才能实现国家富强目标。《吕氏春秋》第一次将“三才”思想用于解释农业生产：“夫稼，为之者人也，生之者地也，养之者天也。”这里的“稼”，指农作物，也可泛指农业生产活动，“天”“地”则指农业生产的环境因素，“人”是农业生产活动的主体。这段话是对农业生产诸要素之间的辩证关系的哲学概括。其中突出之点在于它阐述了农业生产的整体观、联系观、环境观，在我国传统农学中占有重要的指导性地位。北魏农学家、《齐民要术》作者贾思勰继承和发展了“三才”思想，他指出人在农业生产中的主导作用是在尊重和掌握客观规律的前提下实现的，违反客观规律就会事与愿违，事倍功半。他说：“顺天时，量地利，则用力少而成功多。任情返道，劳而无获。”在“三才”农业哲学思想影响下形成的中国传统农学，特别强调生产安排的因时、因地、因物制宜的“三宜”原则。

二、西方经济学派乡村发展理论

（一）刘易斯的乡村发展理论

美国著名发展经济学家、诺贝尔经济学奖获得者阿瑟·刘易斯，依据发达国家经济发展的经验材料，于1954年发表了《劳动无限供给条件下的经济发展》一文，提出了“发展中国家经济二元结构”的著名理论，他指出：发展中国家一般存在两个性质完全不同的部门，一个是现代部门，是使用再生产性资本，采用机器大工业的生产方式，具有较高劳动生产率，是收入水平较高的部门；一个是传统部门，主要是农业部门，不使用再生产性资本，主要采用手工劳动，相对于资本和自然资源而言，由于人口存量大，劳动的边际生产率很低，甚至为负数，收入水平低。传统农业部门存在大量的隐性失业者，它既是传统部门生产水平低下的主要原因，也是现代部门扩张需要劳动力的来源。而这种二元经济发展的核心问题是如何促进传统农业部门剩余劳动力向现代部门的转移。

（二）拉尼斯和费景汉的乡村发展理论

美国耶鲁大学经济增长中心的费景汉和拉尼斯等人把刘易斯模型向前推进了一步，提出了系统的工业化理论，深化了对农业在经济发展中作用的认识。在他们的模型中，经济发展被分为三个阶段。第一阶段，农业中存在着剩余劳动力，随着工业的扩张，剩余劳动力向工业转移。工业的增长从劳动力和农业剩余两个方面依赖于农业的支持。第二阶段，随着工业增长和劳动力的继续转移，农业中劳动力的边际产量不再为零，人均农业剩余开始下降。这时提供农业剩余，促进农业增长成为工业增长的前提。只有不断促进农业增长，才能不断增加农产品供给，避免由于农产品短缺造成粮食价格的大幅度上涨。因此，提高农业生产率可以加速二元经济的转化。第三阶段，农业被改造成一个现代化的产业部门，农业的工资水平也是由劳动边际生产率决定的，二元经济转化为一元经济。

（三）舒尔茨的乡村发展理论

20 世纪 60 年代初期，美国著名经济学家舒尔茨在芝加哥大学工作期间完成的《改造传统农业》一书，提出了发展中国家进行农业现代化改造的途径、重点和机制，他反对在现代化过程中轻视农业的看法，认为“并不存在任何一个国家的农业部门不能对经济增长作出重大贡献”。但发展中国家的传统农业难以为经济增长作出贡献，关键在于未能把现代生产要素引入传统农业，促进传统农业向现代化农业转型。而要把传统农业改造成为能够为经济增长作贡献的现代生产部门，舒尔茨建议：一要建立一套有利于农业转型的制度；建立市场机制以形成对农民行为的有效激励；改革低效率的土地制度；建立所有权与经营权合一的、能适应市场化的家庭农场经济体制。二要增加现代农业要素投资。引进现代生产要素是改造传统农业的根本出路，要从供给和需求两方面为引进现代生产要素创造条件，供给分为研究开发与推广两方面，主要应由政府或其他非盈利企业来进行；需求是要使新生产要素必须是有利可图的，并且农民乐意接受，政府的农业推广人员要向农民提供有关新生产要素的信息，同时要使农民学会使用这些要素。三要对农民进行人力资本投资。人力资本投资是农业经济增长的主要源泉，人力资本投资的主要形式有教育、在职培训以及提高健康水平等，而学校教育是人力资本投资的最大组成部分和最主要的形式。

（四）托达罗的乡村发展理论

20 世纪 20 年代后，随着工业部门的扩张，发展中国家城市失业现象日渐严重，与此同时，农村向城市的人口流动速度不仅没有减缓，反而不断加快，形成了引人注目的“拉美现象”。托达罗的二元模型把研究重点从工业与农业的关系转向了城市和乡村的关系，旨在对城乡之间的人口流动作出解释。托达罗认为，城乡人口流动的速度和规模并不取决于城乡之间的实际收入差异，而是取决于城乡预期收入差异。在农村，劳动力充分就业，农村预期收入等于农村实际收入。而在城市，由于存在失业现象，预期收入不等于实际收入，预期收入是实际收入和就业概率的乘积。托达罗模型得出的结论是：依靠城市现代化部门的扩张不足以解决发展中国家存在的严重失业问题。原因在于：一方面，资本积累必然伴随着技术进步和劳动生产率的提高，从而降低对劳动力需求的增长速度；另一方面，现代部门创造的就业机会越多，就业概率就越大，在城乡实际收入水平不变的条件下，城乡预期收入的差距就越大，从而诱使更多的劳动力进入城市，加剧城市的失业状况。建议政府应改变重工业、轻农业和农村的发展战略，把更多的资金用于改善农业的生产条件和农村的生活环境，提高农村居民的实际收入水平。只有这样，才能减少农村人口大规模流向城市的压力，才能缓解城市就业的压力。虽然托达罗的农村发展理论是建立在消除城市失业现象的基础上的，但却指出了建设农村、改善农村生产和生活环境的重要性。

（五）马克思主义的乡村发展理论

第一，强调正确处理农民、农村和农业问题。农业生产是人类生存的首要条件，我们需要衣、食、住以及其他东西；农业劳动生产率制约社会分工的发展程度，农业劳动生产率决定着农业人口向城市和非农产业转移的速度和规模；农业是国民经济的基础，是吸收工业品的市场，是原料和粮食的供应者，是为输入设备以满足国民经济需要所必需的出口物质后备的来源。

第二，总结农业发展和现代化的一般规律。农业现代化是农业中的商品经济代替自然经济的过程，农业中商品经济发展的动力在于，工业革命和城市繁荣扩大了对农产品的需求量，农业人口向工业和城市的转移造就了农产品的国内市场，海外殖民地的拓展为农产品找到了世界市场，为交换而进行的农业生产由此获得了强大动力；农业资本化、企业化经营推动现代大农业的发展；现代大农业取代小农经济的农业革命，农业革命造成了小农经济不可逆转的贫困化趋势和最终衰亡的命运。

第三，分析城乡、工农形成差别的原因。商品经济在城市和工业部门的发展速度和程度不同；工业比农业发展快，劳动生产率更高；城市工人在提高工资水平方面拥有有利地位；城市居民与农村居民文明程度存在差异。

第四，探讨如何缩小城乡差别和工农差别。具体来说，有助于缩小城乡差别和工农差别的因素有如下七点：第一，乡村工业化与劳动力的非农化。乡村工业化和劳动力的就地非农化造就了一个新的亦工亦农的小农阶级，与乡村工业化相联系的劳动力非农化和兼业经营增加了农村居民的纯收益；第二，人口的自由迁移与全面流动。农业工业化和农业规模经营从土地上释放了大量过剩的农业人口，而现代大工业的发展为城市更大规模地吸收这些农业人口创造了有利条件，具有拉平收入和产业差别的效应；第三，农村人口的城市化。马克思、恩格斯认为，城市化是与工业化相伴而生的一种现象，是历史的必然性；第四，产地的自由交易和产地的集中。土地的自由流通和自由交易促进了产地的集中，而产地的集中是现代大农业发展的重要条件；第五，资本的自由竞争、转移。城市工商业资本流向农村，资本在利润率平均化规律调节下的自由流动最终促使农业利润和工业利润接近起来，农业工人工资和工业工人工资接近起来；第六，农村居民组织文化程度的提高。马克思、恩格斯强调，农村居民组织起来维护自己的利益对于改善他们自己的处境极为重要；第七，国家的帮助。马克思、恩格斯注意到了国家在缩小城乡差别、工农业差别方面可以发挥积极的作用。

第五，提出处理农民、农村和农业问题的基本原则。充分了解农民要求，善于根据农村居民中不同阶层的利益和要求而提出有针对性的纲领文件；尽力维护农民利益。马克思深信，公社的统治能够直接给农民带来更大益处；提出恰当的农民问题纲领；遵循自愿和示范相结合的原则，让小农在自己的小块土地上考虑问题，而不能违反他们的意志强行干预他们的财产关系；不能作出无原则的许诺，不能违背社会发展趋势和无产阶级革命的最终目的。工人阶级及其政党的力量就在于他们理解社会发展的经济动因和政治后果，并能据此采取行动，无原则的许诺恰恰削弱了工人阶级的力量。

第六，科学预测农民、农村和农业问题发展前景。马克思、恩格斯在对英国、法国和德国的研究中发现，工业化、城市化和商品市场经济的深入发展导致农民阶级出现内部大分化和结构大转化。农民阶级发展的总的趋势是农场主阶级和他们所雇佣的农业工人阶级或农业无产阶级逐步取代小农阶级而成为农业生产经营的主体，与之相联系的小块土地所有制和小农业逐渐为地产的集中和大中农场的企业化经营所替代，同时农业人口越来越多地转化为城市和工业人口，其结果是农民阶级在现代化过程中趋于消亡或终结。

第二节 乡村产业振兴政策

我国农业农村取得的重大成绩离不开国家持之以恒的“三农”政策供给，尤其是21世纪以来，已经有连续19次“中央一号文件”聚焦农业农村问题，为乡村产业振兴提供了持续宽松的产业发展政策。聚焦关注乡村振兴战略政策及其实施步骤，对乡村产业振兴有着举足轻重的作用。

一、乡村振兴战略政策

（一）户籍制度改革政策

1. 健全落户制度

鼓励各地进一步放宽落户条件，除极少数超大城市外，允许农业转移人口在就业地落户，优先解决农村学生升学和参军进入城镇的人口、在城镇就业居住5年以上和举家迁徙的农业转移人口以及新生代农民工落户问题。区分超大城市和特大城市主城区、郊区、新区等区域，分类制定落户政策，重点解决符合条件的普通劳动者落户问题。全面实行居住证制度，确保各地居住证申领门槛不高于国家标准、享受的各项基本公共服务和办事便利不低于国家标准，推进居住证制度覆盖全部未落户城镇常住人口。

2. 保障享有权益

不断扩大城镇基本公共服务覆盖面，保障符合条件的未落户农民工在流入地平等享受城镇基本公共服务。通过多种方式增加学位供给，保障农民工随迁子女以流入地公办学校为主接受义务教育，以普惠性幼儿园为主接受学前教育。完善就业失业登记管理制度，面向农业转移人口全面提供政府补贴职业技能培训服务。将农业转移人口纳入社区卫生和计划生育服务体系，提供基本医疗卫生服务。把进城落户农民完全纳入城镇社会保障体系，在农村参加的养老保险和医疗保险规范接入城镇社会保障体系，做好基本医疗保险关系转移接续和异地就医结算工作。把进城落户农民完全纳入城镇住房保障体系，对符合条件的采取多种方式满足基本住房需求。

3. 完善激励机制

维护进城落户农民土地承包权、宅基地使用权、集体收益分配权，引导进城落户农民依法自愿有偿转让上述权益。加快户籍变动与农村“三权”脱钩，不得以退出“三权”作为农民进城落户的条件，促使有条件的农业转移人口放心落户城镇。落实支持农业转移人口市民化财政政策，以及城镇建设用地增加规模与吸纳农业转移人口落户数量挂钩政策，健全由政府、企业、个人共同参与的市民化成本分担机制。

（二）乡村振兴人才支撑政策

1. 培育新型职业农民

全面建立职业农民制度，培养新一代爱农业、懂技术、善经营的新型职业农民，优化农业从业者结构。实施新型职业农民培育工程，支持新型职业农民通过弹性学制参加中高等农业职业教育。创新培训组织形式，探索田间课堂、网络教室等培训方式，支持农民专业合作社、专业技术协会、龙头企业等主体承担培训。鼓励各地开展职业农民职称评定试点。

2. 加强农村专业人才队伍建设

加大“三农”领域实用专业人才培育力度，提高农村专业人才服务保障能力。探索公益性和经营性农技推广融合发展机制，允许农技人员通过提供增值服务合理取酬，全面实施农技推广服务特聘计划。加强涉农院校和学科专业建设，大力培育农业科技、科普人才，深入实施农业科研杰出人才计划和杰出青年农业科学家项目，深化农业系列职称制度改革。

3. 鼓励社会人才投身乡村建设

建立健全激励机制，研究制定完善相关政策措施和管理办法，鼓励社会人才投身乡村建设。以乡情乡愁为纽带，引导和支持企业家、党政干部、专家学者、医生教师、规划师、建筑师、律师、技能人才等，通过下乡担任志愿者、投资兴业、行医办学、捐资捐物、法律服务等方式服务乡村振兴事业，允许符合要求的公职人员回乡任职。落实和完善融资贷款、配套设施建设补助、税费减免等扶持政策，引导工商资本积极投入乡村振兴事业。继续实施“三区”（边远贫困地区、边疆民族地区和革命老区）人才支持计划，建立城乡、区域、校地之间人才培养合作与定期服务交流机制。

（三）乡村振兴用地保障政策

1. 健全农村土地管理制度

总结农村土地征收、集体经营性建设用地入市、宅基地制度改革试点经验，逐步扩大试点，加快土地管理法修改。探索具体用地项目公共利益认定机制，完善征地补偿标准，建立被征地农民长远生计的多元保障机制。建立健全依法公平取得、节约集约使用、自愿有偿退出的宅基地管理制度。在符合规划和用途管制前提下，赋予农村集体经营性建设用地出让、租赁、入股权能，明确入市范围和途径。建立集体经营性建设用地增值收益分配机制。

2. 完善农村新增用地保障机制

统筹农业农村各项土地利用活动，乡镇土地利用总体规划可以预留一定比例的规划建设用地指标，用于农业农村发展。根据规划确定用地结构和布局，年度土地利用计划分配中可安排一定比例新增建设用地指标，专项支持农业农村发展。对于农业生产过程中所需各类生产设施和附属设施用地，以及由于农业规模经营必须兴建的配套设施，在不占用永久基本农田的前提下纳入设施农用地管理，实行县级备案。鼓励农业生产与村庄建设用地复合利用，发展农村新产业新业态，拓展土地使用功能。

3. 盘活农村存量建设用地

完善农民闲置宅基地和闲置农房政策，探索宅基地所有权、资格权、使用权“三权分置”，落实宅基地集体所有权，保障宅基地农户资格权和农民房屋财产权，适度放活宅基地和农民房屋使用权，不得违规违法买卖宅基地，严格实行土地用途管制，严格禁止下乡利用农村宅基地建设别墅大院和私人会馆。在符合土地利用总体规划前提下，允许县级政府通过村土地利用规划调整优化村庄用地布局，有效利用农村零星分散的存量建设用地。对利用收储农村闲置建设用地发展农村新产业新业态的，给予新增建设用地指标奖励。

（四）多元投入保障政策

1. 继续坚持财政优先保障

建立健全实施乡村振兴战略财政投入保障制度，明确和强化各级政府“三农”投入责任，公共财政更大力度向“三农”倾斜，确保财政投入与乡村振兴目标任务相适应。规范地方政府举债融资行为，支持地方政府发行一般债券用于支持乡村振兴领域公益性项目，鼓励地方政府试点发行项目融资和收益自平衡的专项债券，支持符合条件、有一定收益的乡村公益性建设项目。加大政府投资对农业绿色生产、可持续发展、农村人居环境、基本公共服务等重点领域和薄弱环节支持力度，充分发挥投资对优化供给结构的关键性作用。充分发挥规划的引领作用，推进行业内资金整合与行业间资金统筹相互衔接配合，加快建立涉农资金统筹整合长效机制。强化支农资金监督管理，提高财政支农资金使用效益。

2. 提高土地出让收益

开拓投融资渠道，健全乡村振兴投入保障制度，为实施乡村振兴战略提供稳定可靠的资金来源。坚持取之于地，主要用之于农的原则，制定调整完善土地出让收入使用范围、提高农业农村投入比例的政策性意见，所筹集资金用于支持实施乡村振兴战略。改进耕地占补平衡管理办法，建立高标准农田建设等新增耕地指标和城乡建设用地增减挂钩节余指标跨省域调剂机制，将所得收益通过支出预算全部用于巩固脱贫攻坚成果和支持实施乡村振兴战略。

3. 引导和撬动社会资本投向农村

优化乡村营商环境，加大农村基础设施和公用事业领域开放力度，吸引社会资本参与乡村振兴。规范有序盘活农业农村基础设施存量资产，回收资金主要用于补短板项目建设。继续深化“放管服”改革，鼓励工商资本投入农业农村，为乡村振兴提供综合性解决方案。鼓励利用外资开展现代农业、产业融合、生态修复、人居环境整治和农村基础设施等建设。推广一事一议、以奖代补等方式，鼓励农民对直接受益的乡村基础设施建设投工投劳，让农民更多参与建设管护。

（五）金融支农政策

1. 健全金融支农组织体系

发展乡村普惠金融，深入推进银行业金融机构专业化体制机制建设，形成多样化农村金融服务主体。指导大型商业银行立足普惠金融事业部等专营机制建设，完善专业化的“三农”金融服务供给机制，完善中国农业银行、中国邮政储蓄银行“三农”金融事业部运营体系，明确国家开发银行、中国农业发展银行在乡村振兴中的职责定位，加大对乡村振兴信贷支持。支持中小型银行优化网点渠道建设，下沉服务重心。推动农村信用社省联社改革，保持农村信用社县域法人地位和数量总体稳定，完善村镇银行准入条件。引导农民合作金融健康有序发展。鼓励证券、保险、担保、基金、期货、租赁、信托等金融资源聚焦服务乡村振兴。

2. 创新金融支农产品和服务

加快农村金融产品和服务方式创新，持续深入推进农村支付环境建设，全面激活农村金融服务链条。稳妥有序推进农村承包土地经营权、农民住房财产权、集体经营性建设用地使用权抵押贷款试点。探索县级土地储备公司参与农村承包土地经营权和农民住房财产权“两权”抵押试点工作。充分发挥全国信用信息共享平台和金融信用信息基础数据库的作用，探索开发新型信用类金融支农产品和服务。结合农村集体产权制度改革，探索利用量化的农村集体资产股权的融资方式。提高直接融资比重，支持农业企业依托多层次资本市场发展壮大。创新服务模式，引导持牌金融机构通过互联网和移动终端提供普惠金融服务，促进金融科技与农村金融规范发展。

3. 完善金融支农激励政策

继续通过奖励、补贴、税收优惠等政策工具支持“三农”金融服务。抓紧出台金融服务乡村振兴的指导意见。发挥再贷款、再贴现等货币政策工具的引导作用，将乡村振兴作为信贷政策结构性调整的重要方向。落实县域金融机构涉农贷款增量奖励政策，完善涉农贴息贷款政策，降低农户和新型农业经营主体的融资成本。健全农村金融风险缓释机制，加快完善“三农”融资担保体系。充分发挥好国家融资担保基金的作用，强化担保融资增信功能，引导更多金融资源支持乡村振兴。制定金融机构服务乡村振兴考核评估办法。改进农村金融差异化监管体系，合理确定金融机构发起设立和业务拓展的准入门槛。守住不发生系统性金融风险底线，强化地方政府金融风险防范处置责任。

二、乡村振兴战略的实施步骤

（一）加强组织领导

坚持党总揽全局、协调各方，强化党组织的领导核心作用，提高领导能力和水平，为实现乡村振兴提供坚强保证。

1. 落实各方责任

强化地方各级党委和政府在实施乡村振兴战略中的主体责任，推动各级干部主动担当作为。坚持工业农业一起抓、城市农村一起抓，把农业农村优先发展原则体现到各个方面。坚持乡村振兴重大事项、重要问题、重要工作由党组织讨论决定的机制，落实党政一把手是第一责任人、五级书记抓乡村振兴的工作要求。县委书记要当好乡村振兴“一线总指挥”，下大力气抓好“三农”工作。各地要依照国家规划科学编制乡村振兴地方规划或方案，科学制定配套政策和配置公共资源，明确目标任务，细化实化政策措施，增强可操作性。各部门要各司其职、密切配合，抓紧制定专项规划或指导意见，细化落实并指导地方完成国家规划提出的主要目标任务。建立健全规划实施和工作推进机制，加强政策衔接和工作协调。培养造就一支懂农业、爱农村、爱农民的“三农”工作队伍，带领群众投身乡村振兴伟大事业。

2. 强化法治保障

各级党委和政府要善于运用法治思维和法治方式推进乡村振兴工作，严格执行现行涉农法律法规，在规划编制、项目安排、资金使用、监督管理等方面，提高规范化、制度化、法治化水平。完善乡村振兴法律法规和标准体系，充分发挥立法在乡村振兴中的保障和推动作用。推动各类组织和个人依法依规实施和参与乡村振兴。加强基层执法队伍建设，强化市场监管，规范乡村市场秩序，有效促进社会公平正义，维护人民群众合法权益。

3. 动员社会参与

搭建社会参与平台，加强组织动员，构建政府、市场、社会协同推进的乡村振兴参与机制。创新宣传形式，广泛宣传乡村振兴相关政策和生动实践，营造良好社会氛围。发挥工会、共青团、妇联、科协、残联等群团组织的优势和力量，发挥各民主党派、工商联、无党派人士等积极作用，凝聚乡村振兴强大合力。建立乡村振兴专家决策咨询制度，组织智库加强理论研究。促进乡村振兴国际交流合作，讲好乡村振兴的中国故事，为世界贡献中国智慧和中国方案。

4. 开展评估考核

加强乡村振兴战略规划实施考核监督和激励约束。将规划实施成效纳入地方各级党委和政府及有关部门的年度绩效考评内容，考核结果作为有关领导干部年度考核、选拔任用的重要依据，确保完成各项目标任务。本规划确定的约束性指标以及重大工程、重大项目、重大政策和重要改革任务，要明确责任主体和进度要求，确保质量和效果。加强乡村统计工作，因地制宜建立客观反映乡村振兴进展的指标和统计体系。建立规划实施督促检查机制，适时开展规划中期评估和总结评估。

（二）有序实现乡村振兴

充分认识乡村振兴任务的长期性、艰巨性，保持历史耐心，统筹谋划，典型带动，有序推进，不搞齐步走。

1. 准确聚焦阶段任务

在全面建成小康社会后，还应重点抓好防范化解重大风险、精准脱贫、污染防治三大攻坚战，加快补齐农业现代化短腿和乡村建设短板。在开启全面建设社会主义现代化国家新征程时期，重点加快城乡融合发展制度设计和政策创新，推动城乡公共资源均衡配置和基本公共服务均等化，推进乡村治理体系和治理能力现代化，全面提升农民精神风貌，为乡村振兴这盘大棋布好局。

2. 科学把握节奏力度

合理设定阶段性目标任务和工作重点，分步实施，形成统筹推进的工作机制。加强主体、资源、政策和城乡协同发力，避免代替农民选择，引导农民摒弃“等靠要”思想，激发农村各类主体活力，激活乡村振兴内生动力，形成系统高效的运行机制。立足当前发展阶段，科学评估财政承受能力、集体经济实力和社会资本动力，依法合规谋划乡村振兴筹资渠道，避免负债搞建设，防止刮风搞运动，合理确定乡村基础设施、公共产品、制度保障等供给水平，形成可持续发展的长效机制。

3. 梯次推进乡村振兴

科学把握我国乡村区域差异，尊重并发挥基层首创精神，发掘和总结典型经验，推动不同地区、不同发展阶段的乡村有序实现农业农村现代化。发挥引领区示范作用，东部沿海发达地区、人口净流入城市的郊区、集体经济实力强以及其他具备条件的乡村，能够率先基本实现农业农村现代化。推动重点区加速发展，中小城市和小城镇周边以及广大平原、丘陵地区的乡村，涵盖我国大部分村庄，是乡村振兴的主战场，到 2035 年基本实现农业农村现代化。聚焦攻坚区精准发力，革命老区、民族地区、边疆地区、集中连片特困地区的乡村，到 2050 年如期实现农业农村现代化。

第二章

构建现代乡村产业体系

构建现代农业体系，推进农业农村现代化顺应我国经济社会发展的客观趋势，符合当今世界农业发展的一般规律，是加快社会主义现代化建设进程的重大任务。因此，必须针对目前发展现代农业面临的问题，以优化农业结构、培育新型农业经营主体、推进农业服务体系社会化建设等为切入点，构建和完善现代农业产业体系、生产体系、经营体系、农业支持保护制度和农业社会化服务体系，推进我国农业农村现代化建设。

第一节　优化农业产业结构

构建现代农业体系，推进农业农村现代化顺应我国经济社会发展的客观趋势，符合当今世界农业发展的一般规律，是加快社会主义现代化建设进程的重大任务。结合乡村农业发展面临的问题，需要做好以增强科技支撑、发展规模经济等为切入点的农业产业结构调整。

一、优化农业结构，健全现代农业产业体系

（一）提高粮食生产能力保障水平

第一，坚持最严格的耕地保护制度。全面划定永久基本农田，以粮食等大宗农产品主产区为重点，大规模推进农田水利、土地整治、中低产田改造和高标准农田建设。第二，完善耕地占补平衡制度。耕地占补平衡要注重空间均衡、生态效应，探索重大建设项目国家统筹补充耕地办法，探索建设占用耕地补充责任的多元化实现途径，推进补充耕地的跨区域国家统筹，全面推进建设占用耕地耕作剥离再利用。第三，建立粮食生产功能区和重要农产品生产保护区。健全粮食主产区利益补偿机制，继续实施优质粮食产业、种子、植保和粮食丰产科技等工程，支持粮食主产区发展粮食生产和促进经济增长，确保稻谷、小麦等口粮种植面积基本稳定。第四，完善粮食安全系统。深入推进粮食绿色高产高效创建，加强对粮食生产、消费、库存及进出口的监测和调控，建立和完善粮食安全预警系统，维护国内粮食市场稳定。

（二）加快推进农业结构调整，推进农村产业融合发展

加快推进农业结构调整，推动农林牧渔结合、种养一体化发展。重点是调整农业种植结构，支持优势产区加强棉花、油料、糖料、大豆、林果等生产基地建设；统筹考虑种养规模和资源环境承载力，推广粮改饲和种养结合模式，发展农区畜牧业；分区域推进现代草业和草食畜牧业发展，提高畜禽、水产标准化规模化养殖水平，促进奶业优质安全发展；优化特色农产品生产布局，加快现代农业示范区建设；推进农业产业链和价值链建设，建立多形式利益联结机制，培育融合主体、创新融合方式，拓宽农民增收渠道，更多分享增值收益。积极发展农产品加工业和农业生产性服务业，拓展农业多种功能，加快发展都市现代农业，推进农业与旅游休闲、教育文化、健康养生等深度融合，发展观光农业、体验农业、创意农业等新业态，激活农村要素资源，增加农民财产性收入。

（三）确保农产品质量安全，促进农业可持续发展

第一，全面推行农业标准化生产。重点是完善农业标准，加强农产品质量安全和农业投入品监管，强化产地安全管理，实行产地准出和市场准入制度，建立全程可追溯、互联共享的农产品质量安全信息平台，健全从农田到餐桌的农产品质量安全全过程监管体系；加强动植物疫病防控能力建设，强化农药和兽药残留超标治理，严格食用农产品添加剂控制标准，强化进口农产品质量安全监管。第二，大力发展生态友好型农业。实施化肥农药使用量零增长行动，全面推广测土配方施肥、农药精准高效施用；实施种养结合循环农业示范工程，推动种养业废弃物资源化利用、无害化处理；开展农业面源污染综合防治，开展耕地质量保护与提升行动，创建农业可持续发展试验示范区。第三，加强农业国际合作。健全农产品贸易调控机制，优化进口来源地布局，在确保供给安全条件下，扩大优势农产品出口，适度增加国内紧缺农产品进口；积极开展境外农业合作开发，建立规模化海外生产加工储运基地，培育有国际竞争力的农业跨国公司；拓展农业国际合作领域，支持开展多双边农业技术合作。

二、增强科技支撑，完善现代农业生产体系

现代农业生产体系，是先进生产手段和生产技术的有机结合，重点解决农业的发展动力和生产效率问题，是现代农业生产力发展水平的显著标志。构建现代农业生产体系，就是要用现代物质装备武装农业，用现代科学技术服务农业，用现代生产方式改造农业，转变农业要素投入方式，推进农业发展从拼资源、拼消耗转到依靠科技创新和提高劳动者素质上来，提高农业资源利用率、土地产出率和劳动生产率，增强农业综合生产能力和抗风险能力，从根本上改变农业发展依靠人力与畜力、“靠天吃饭”的局面。

（一）强化科技支撑，完善现代农业的科技体系

完善现代农业的科技体系，一方面，要抓好农业科技创新，要改善农业重点实验室创新条件，大幅度增加农业科研投入，加强国家基地、区域

性农业科研中心创新能力建设；启动农业行业科研专项，支持农业科技项目，着力扶持对现代农业建设有重要支撑作用的技术研发；加强农业科技自主创新，加快推进农业技术成果的集成创新，加快生物育种、农机装备、绿色增产等技术攻关，推广高产优质适宜机械化品种和区域性标准化高产高效的栽培模式；发展现代种业，开展良种重大科技攻关，实施新一轮品种更新换代行动计划，建设国家级育制品种基地，培育壮大一体化的种业龙头企业；推进主要作物生产全程机械化，促进农机农艺融合。另一方面，要健全和激活基层农业技术推广网络，积极探索农业科技成果进村入户的有效机制和办法，加强基层农业技术推广体系建设，发挥农业院校在农业技术推广中的积极作用，提高基层农业科技成果转化能力；继续支持重大农业技术推广，加强农业科技推广队伍建设，保证对农技推广队伍建设的投入，坚持国家扶持与自我发展相结合，努力提高科学技术对农业的贡献率。

（二）发展农业机械化，提高农业机械化水平

《中华人民共和国国民经济和社会发展第十三个五年规划纲要》提出，要加快推进农业机械化。① 农业机械化是农业现代化的重要标志，是衡量现代农业发展的重要标志。发展农业机械化，提高农业机械化水平，重点要在如下几方面下功夫：第一，完善农机政策扶持体系。完善各项配套法规，抓好扶持政策的落实，依法促进、依法监管，为农机化发展营造更好的环境。第二，加快农机服务产业化进程。建立和完善农机社会化服务体系，以主要粮食作物的生产机械化为重点，拓宽农机化服务领域，提供农机作业系列化、专业化服务，大力推进农机服务产业化。第三，抓好农机技术培训工作。要加大对农民特别是农机化实用人才的培养培训力度，增强农民和农机大户的服务能力及直面市场的经营水平。第四，加大农机监督管理。加强农业机械化标准体系建设，提高农机产品的试验鉴定和质量认证工作水平；加强对农机作业的安全监督管理，构筑农机安全宣传教

---

① 载于 2016 年 3 月 18 日《人民日报》文章《国民经济和社会发展第十三个五年规划纲要》.

育、技术检审、执法监控三大防线。

（三）利用信息技术，推进农业信息化建设

第一，加强城乡融合的信息基础设施建设。加强农业信息服务平台建设，用信息技术装备农业，健全农业信息收集和发布制度，整合涉农信息资源，推动农业信息数据收集整理规范化、标准化，推动信息技术与农业生产管理、经营管理、市场流通、资源环境等的融合。第二，加快公用农业数据库建设，推进农业大数据应用，增强农业综合信息服务能力。第三，大力推进“互联网+”现代农业，应用物联网、云计算、大数据、移动互联等现代信息技术，推动农业全产业链改造升级。实施农业物联网区域试验工程，推进农业物联网应用，加快发展涉农电子商务，大力发展智慧气象和农业遥感技术应用，提高农业智能化和精准化水平。

三、发展适度规模经营，构建现代农业经营体系

现代农业经营体系，是现代农业经营主体、组织方式、服务模式的有机组合，重点是解决“谁来种地”和经营效益问题，是现代农业组织化程度的显著标志。构建现代农业经营体系，就是要加大体制机制创新力度，培育规模化经营主体和服务主体，加快构建职业农民队伍，形成一支高素质的农业生产经营者队伍，促进不同主体之间的联合与合作，发展多种形式的适度规模经营，提高农业经营集约化、组织化、规模化、社会化、产业化水平。

（一）完善农村土地制度，发展适度规模经营

构建现代农业经营体系，就是要以发展多种形式适度规模经营为引领，创新农业经营组织方式，构建以农户家庭经营为基础、合作与联合为纽带、社会化服务为支撑的现代农业经营体系，提高农业综合效益。

第一，完善农村土地制度。重点是巩固和完善农村基本经营制度，深化农村土地制度改革，完善承包地所有权、承包权、经营权“三权”分置制度，依法推进土地经营权的有序流转，通过代耕代种、联耕联种、土地托管、股份合作等方式，推动实现多种形式的农业适度规模经营。第二，

完善农村基本经营制度。进一步推进农村土地承包经营权确权登记颁证，完善土地所有权、承包权、经营权分置办法，强化土地承包经营权纠纷调解仲裁，发展土地流转、土地托管、土地入股等多种形式的适度规模经营。

（二）完善政策体系，培育新型经营主体

重点是发展多种形式适度规模经营，培育壮大专业大户、家庭农场、农民合作社、农业企业等新型经营主体，推动家庭经营、集体经营、合作经营、企业经营共同发展。要健全有利于新型农业经营主体成长的政策体系，在财政、金融、保险、用地等方面加大扶持和引导力度，扶持发展种养大户和家庭农场，引导和促进农民合作社规范发展，培育壮大农业产业化龙头企业；鼓励和支持工商资本投资现代农业，促进农商联盟等新型经营模式发展；建立新型农业经营主体生产经营直报信息系统，加快建设农业信贷担保服务体系，优先支持新型经营主体发展适度规模经营；支持农民通过股份制、股份合作制等多种形式参与规模化、产业化经营，使农民获得更多增值收益。

四、突出社会化，健全农业社会化服务体系

（一）实施农业社会化服务支撑工程，培育壮大经营性服务组织

农业社会化服务体系是以公共服务机构为依托、合作经济组织为基础、龙头企业为骨干、其他社会力量为补充，公益性服务和经营性服务相结合、专项服务和综合服务相协调，为农业生产提供产前、产中、产后全过程综合配套服务的体系。因此，首先，要加快培育现代农业服务组织。要根据农业生产全过程的不同需要和专业特点来培育现代农业服务组织，积极发展病虫害统防统治、测土配方施肥、农机承包作业、养殖业粪污专业化处理等服务，支持开展粮食烘干、农机场库棚、仓储物流等配套设施服务，鼓励发展“家庭农场+社会化服务”的经营模式，通过服务规模化带动生产规模化。其次，处理好公益性和经营性的关系。要完善相关政策，激励和支持科研机构、行业协会、龙头企业和具有资质的经营性服务

组织从事农业公益性服务，支持多种类型的新型农业服务主体开展专业化、规模化服务。

（二）创新服务机制，拓展农业社会化服务形式

健全农业社会化服务体系，要创新服务机制，拓展农业社会化服务形式，促进社会化服务从农业生产单个环节向全程生产服务转变，从小规模分散服务向大规模整建服务转变，从资源消耗型生产方式向集约型现代农业生产方式转变，推进农业全程机械化、规模化、集约化发展，改善农业生态环境，提高农业生产效率，增强农业综合生产能力。因此，创新农业社会化服务机制，拓展农业社会化服务形式，要推进农业生产全程社会化服务创新试点，加强试点政策实施的业务指导、绩效评价和监督管理，确保试点工作的执行落实；要积极探索农业生产全程社会化服务有效模式，根据环境容量优化生产布局，进一步提高标准化规模生产水平；要大力营造推进农业生产全程社会化服务的良好环境，积极推广合作式、托管式、订单式等服务形式，鼓励引导广大农民和各类组织积极参与农业社会化服务。

（三）加强流通设施建设，实现农产品新型流通

加强农产品流通设施和市场建设，完善农村配送和综合服务网络。要采取优惠财税措施，支持农村流通基础设施建设和物流企业发展，加快建设一批设施先进、功能完善、交易规范的鲜活农产品批发市场，健全统一开放、布局合理、竞争有序的现代农产品市场体系；加快农产品批发市场升级改造，完善流通骨干网络，加强粮食等重要农产品仓储物流设施建设；完善跨区域农产品冷链物流体系，开展冷链标准化示范，实施特色农产品产区预冷工程；推动公益性农产品市场建设，支持农产品营销公共服务平台建设，开展降低农产品物流成本行动，在搞活流通中促进农民增收；发展农村电子商务，实现农产品新型流通。鼓励发展农村电子商务，实施“快递下乡”工程，深化供销合作社综合改革。尤其是要促进农村电子商务加快发展，形成线上线下融合、农产品进城与农资和消费品下乡双向流通格局。① 要加快实现行政村宽带全覆盖，创新电信普遍服务补偿机制，推进农村互联网提速降费；加强商贸流通、供销、邮政等系统物流服务网络和设施建设与衔接，加快完善县乡村物流体系，实施“快递下乡”工程；鼓励大型电子商务平台企业开展农村电子商务服务，支持地方和行业健全农村电子商务服务体系，建立健全适应农村电子商务发展的农产品质量分级、采后处理、包装配送等标准体系，深入开展电子商务进农村综合示范，加大信息进村入户试点力度。

五、增加投入，完善农业支持保护制度

（一）强化农业基础，持续增加农业投入

增加投入是现代农业发展的物质保证，是强化农业基础的迫切需要。必须不断开辟新的农业投入渠道，逐步形成农民积极筹资投劳、政府持续加大投入、社会力量广泛参与的多元化投入机制。

第一，建立农业农村投入稳定增长机制。要积极调整财政支出结构、固定资产投资结构和信贷投放结构，中央和县级以上地方财政每年对农业总投入的增长幅度应当高于其财政经常性收入的增长幅度，尽快形成现代农业建设稳定的资金来源。第二，优化财政支农支出结构。创新涉农资金投入方式和运行机制，推进整合统筹，提高农业补贴政策效能。加大支农资金整合力度，抓紧建立支农投资规划、计划衔接和部门信息沟通工作机制，完善投入管理办法，集中用于重点地区、重点项目，提高支农资金使用效益。要注重发挥政府资金的带动作用，引导农民和社会各方面资金投入现代农业建设。第三，完善补贴制度。近几年实行的各项补贴政策，深受广大农民的欢迎，要不断巩固、完善和加强，逐步形成目标清晰、受益直接、类型多样、操作简便的农业补贴制度。要逐步扩大“绿箱”补贴规模和范围，调整改进“黄箱”政策；建立耕地保护补偿制度，将农作物良种补贴、种粮农民直接补贴和农资综合补贴“三项补贴”合并为农业支持

① 关于落实发展新理念加快农业现代化实现全面小康目标的若干意见. 人民日报，2016-01-28（10）.

保护补贴，完善农机具购置补贴政策，向种粮农民、新型经营主体、主产区倾斜。

（二）加强粮食收储供应安全保障，完善农产品价格和收储制度

第一，深入推进农业供给侧结构性改革。重点围绕市场的需求来进行生产，优化农业资源的配置，扩大农产品的有效供给，增强供给结构的适应性和灵活性。要坚持市场化改革取向和保护农民利益并重，综合考虑农民合理收益、财政承受能力、产业链协调发展等因素，完善农产品市场调控制度和市场体系。第二，探索开展农产品目标价格保险试点。按照市场定价、价补分离的原则，继续实施并完善稻谷、小麦最低收购价政策，深化棉花、大豆目标价格改革；积极稳妥推进玉米价格形成机制和收储制度改革，建立玉米生产者补贴制度。第三，实施粮食收储供应安全保障工程。要科学确定粮食等重要农产品储备规模，改革完善粮食储备管理体制和吞吐调节机制，引导流通、加工企业等多元化市场主体参与农产品收储，推进智慧粮库建设和节粮减损。

（三）创新农村金融服务，建立农业风险防范机制

加快制定农村金融整体改革方案，努力形成商业金融、合作金融、政策性金融和小额贷款组织互为补充、功能齐备的农村金融服务体系。首先，发挥各类金融机构支农作用，发展农村普惠金融。完善开发性金融、政策性金融支持农业发展和农村基础设施建设的制度；推进农村信用社改革，增强省级联社服务功能；积极发展村镇银行等多形式农村金融机构，稳妥开展农民合作社内部资金互助试点；建立健全农业政策性信贷担保体系。其次，建立农业风险防范机制。加强自然灾害和重大动植物病虫害预测预报和预警应急体系建设，提高农业防灾减灾能力；完善农业保险制度，按照政府引导、政策支持、市场运作、农民自愿的原则，建立完善的农业保险体系；稳步扩大“保险+期货”试点，扩大保险覆盖面，提高保障水平；完善农业保险大灾风险分散机制，探索建立中央、地方财政支持的农业再保险体系，鼓励龙头企业、中介组织帮助农户参加农业保险。

第二节 发展绿色品牌农业

绿色品牌农业是农业标准化、组织化、产业化的延伸和高级发展阶段，是联系农业生产和农产品市场的桥梁，是将产品优势和资源优势转变为商品优势和市场优势，从而获得良好而持久的经济效益的最直接途径。培育农业品牌有利于加快传统农业向现代农业转变，有利于提高农产品质量安全水平和市场竞争力，有利于带动产业结构优化升级，整合并发挥资源优势，促进农业不断向更高层次发展。

一、农业品牌概述

品牌是商品经济发展到一定阶段的产物。品牌的产生标志着商品交换过程中理念的成熟。英文中的“品牌”（brand）一词来源于古挪威文字“brandr”，意思是“烙印”。最早明确提出品牌概念的是美国的大卫·奥格威。品牌意识在历史上是短暂的，但是品牌现象却是古已有之。可以说，品牌是伴随着商品交换的产生而出现的。

（一）品牌的概念及内涵

品牌是指组织及其提供的产品或服务的有形和无形的综合表现，其目的是借以辨认组织产品或服务，并使之同竞争对手的产品或服务区别开来。品牌是一个集合概念，它主要包括品牌名称和品牌标志两个部分。品牌名称是指品牌中可以用语言表述的部分，也叫“品名”。品牌标志，也叫“品标”，是指品牌中可以被认出、易于记忆但不能用言语称谓的部分，通常由图案、符号或特殊颜色等构成。

菲利普·科特勒在1994年提出，“品牌的要点是销售者向购买者长期提供的一组特定的利益和服务”，具体包括六个方面：第一，属性。品牌首先要表明它所代表的商品的属性，即区别于其他商品的本质特征，如功能、质量、价格等。第二，利益。这是品牌进一步表达的内容。任何属性都只对需要者具有意义。也就是说，能够转化为功能上和情感上的利益，才是顾客所需要的属性。因此，从根本上说，顾客购买的不是属性，而是利益。第三，价值。品牌也传达了商品生产者的价值判断和选择。第四，文化。品牌也可能代表着一种文化，而成为一种象征。它可以使顾客联想到这种文化的典型特质，如浪漫、精致、严谨等。第五，个性。品牌也能够反映一定的个性。即它具备这样或那样的与众不同之处。第六，定位。品牌能够表明购买或使用产品的消费者类型。

（二）农业品牌的概念

所谓农业品牌，是指农业生产者或经营者在其农产品或农业服务项目上使用的用以区别其他同类和类似商品或服务的显著标记。简单概括，农业品牌就是区别不同农产品或农业服务的名称与标记。

农业品牌、品牌农业或农产品品牌，三者的核心概念是品牌，品牌是一种显著标记，用于农业项目上就是农业的品牌或品牌农业，用于农产品上的就是农产品品牌。只是农业涵盖面大，它包括了农业投入品与农业产出品两个方面，而农产品仅仅是农业产出品。但是，农产品是农业经济发展的出发点和落脚点，可以说，农业品牌、品牌农业或农产品品牌是一脉相通的，如果从品牌化角度来考虑，农业品牌涵盖面大一些，也会更贴切一些。

（三）农业品牌构成的表现形式

根据《中华人民共和国商标法》的规定，农业品牌作为区别农产品或农业服务来源的标记，应是由文字、图形、字母、数字、三维标志和颜色的组合。申请注册的农业品牌，应当具有显著特征，便于识别。一般来看，农业品牌的构成主要有以下三种表现形式：

1. 文字、字母、数字

文字是农业品牌最基本的构成要素之一，实际上有些农业品牌就由纯文字、字母、数字构成，不含其他图形成分。这里的文字指的是语言的书写符号，包括两个以上的字母或数字。用文字做农业品牌，字体不限，楷、篆、行、隶、草书及笔画的艺术变化、重合交织都是允许的。

2. 图形

图形是指人或事物的形状、图案，包括具体图形、抽象图形或虚构的图形。用图形做农业品牌的优点在于不受语言限制，标志性强；弱点在于不便呼叫和交流。

3. 文字与图形的组合

文字和图形既可以单独作为农业品牌的表现形式，也可以结合起来成为组合型农业品牌的表现形式。组合型农业品牌图文并茂，引人注目，是使用较多的品牌。组合型农业品牌要求文字和图形和谐一致，联系密切，如果二者毫无联系，就不宜作为品牌。

（四）我国农业品牌存在的问题

目前，我国农业品牌主要存在的问题：一是对品牌农业的认识还不到位。管理部门、经营主体、农民还没有充分认识品牌建设在现代农业发展中的战略地位和作用，促进品牌化发展的新思维、新办法和新手段不足。二是品牌培育保护制度体系缺失。农产品生产和加工标准化程度低、质量参差不齐，品牌培育和保护投入不够，品牌发展缺少统一、系统的规划组织和引导。同时，多数地方以是否获得有机食品、绿色食品和无公害农产品认证作为奖励和扶持的标准，这就使得一些生产经营者为了追求短期利益而一味追求登记数量，对品牌开发培育重视不够。三是品牌影响力亟须扩大。农产品品牌影响力仅停留在局部地域，跨省跨区域的不多，品牌的社会信任度不高，国际知名品牌少，农业品牌状况与农产品大国的地位不相称。四是区域公用品牌理念有待普及。区域公用品牌建设尚未整体规划，品牌资源未能得到很好整合，公用品牌制度体系尚未建立，代表国家形象的农产品民族品牌尚未形成。

（五）创建农业品牌的对策与建议

1. 搞好规划引导，促进有序发展

根据不同生产区域、经济条件和发展阶段等实际情况，从区域、行业和企业等多个层面制定农产品品牌发展规划。支持创立有关农产品品牌培育和发展咨询服务机构，充分发挥行业协会和社会中介组织在推进品牌建设方面的作用，提高专业化服务水平。通过制定农产品品牌战略发展规划，加快推进重点企业的重点产品打造，特别是做大做强技术含量高、市场容量大、附加值和效益高、能耗低的产品，从而带动更多农户和农业企业发展。政府机构要通过提供信息、信贷、科技等公共服务，促进分散农产品品牌整合壮大。同时要积极发展农业产业化经营，依托龙头企业发展产业集群，实施“走出去”战略，打造优势农产品区域品牌和国家品牌。

2. 完善法律法规，保护知识产权

在借鉴国外农产品相关法律法规的基础上，完善我国农产品品牌建设有关法规体系，加强名特优新农产品品种资源的保护、开发和利用，保护农产品品牌及其知识产权。

3. 加强政策扶持，鼓励做大做强

在发达国家及新兴工业化国家和地区，农业品牌化进程中都有高效率、低利息和融资期限长的政策性金融支持。政府担保贴息，政策性金融提供有偿资金，是培育农产品品牌的一个有效措施。要研究利用财政资金促进农产品品牌化发展的奖补机制，重点对专业大户、农民合作社、农业产业化龙头企业等新型经营主体的品牌建设和产地环境治理等进行补贴。同时优先将品牌企业的优质农产品生产纳入政策性保险范围。

4. 严格市场监管，严查假冒伪劣

整合有关部门执法力量，加大农产品打假治假、查处滥用区域品牌等违法行为的执法力度、严禁虚假广告，建立公平竞争的市场秩序。健全农产品质量标准体系，规范和完善农产品品牌推介和认定平台，强化对相关主体行为的监督，健全投诉举报渠道和依法查处机制，鼓励公众参与到农产品品牌培育和监管中来。

二、实施农业品牌战略

（一）实施农业品牌战略的意义

1. 促进传统农业向现代农业转变

创新农业发展模式、加快传统农业向现代农业转变是农业发展面临的重大任务。农业品牌化是现代农业的一个重要标志，推进农业品牌化，有利于提高农产品质量和农业增效，农民增收致富；有利于树立“美丽中国”形象，让世界各国认识到优良的自然生态条件下，中国生产的农产品是营养健康的、绿色生态的、安全放心的；有利于开拓市场，提高经济效益、社会效益和生态效益，真正使生产者、经营者和消费者受益。

2. 深化农业结构的调整

随着人民生活水平的提高，社会对农产品品种、质量、安全、功能等提出了更高的要求。推进农业品牌化，以市场为导向，以满足多样化、优质化消费为目标，引导土地、资金、技术、劳动力等生产要素向品牌产品优化配置，有利于推进资源优势向质量优势和效益优势转变，有利于推进农业结构调整和优化升级。

3. 推动农业标准化和产业化

广泛采用国际标准和国内先进标准，制定和实施农业产前、产中、产后各个环节的技术要求和操作规范，开展全程质量控制。卓越的品牌从来都是建立在优秀的产品质量及其对市场需求的满足之上的，而这一切均来源于产品生产的标准化和产业化。

4. 提高农产品质量安全水平和竞争力

通过推进农业品牌化，重点培育和打造农业名牌，有利于促进农产品质量安全整体水平的提高，有利于形成一批具有国际竞争优势的品牌农产品。农业品牌化不仅是我国各地区、各行业农业企业提升市场竞争力的途径，也是我国应对国际市场激烈竞争、实现“走出去”战略的重要支点。我国政府在推进农业转型升级中，积极支持农业生产、流通、加工和服务企业，发挥区域资源优势，采用先进技术，提升产品质量，打造农产品国际品牌。

5. 实现农业增效和农民增收

提高农业效益，增加农民收入，是建设社会主义新农村的重要内容。品牌是无形资产，打造农产品品牌的过程就是实现农产品增值的过程。大力发展名牌农产品，有利于拓展农产品市场，促进农产品消费，促进优质优价机制的形成，实现农业增效，农民增收。

（二）实施农业品牌战略的措施

1. 制定科学合理的农业品牌发展规划

根据不同生产区域、经济条件和发展阶段等，对农业品牌进行分类和分层，大致分为三类：第一类是具有资源和经济双重优势的区域，第二类是资源与经济发展水平都处于中等的地区，第三类是资源较弱或经济较弱地区。因此，品牌发展要充分利用地区的自然资源优势，开发具有地区特色的农产品，引入资金，通过技术创新，扩大规模，推广品牌，提高农产品的附加价值，打造农业品牌。

2. 建立健全扶持保护机制

建立健全农业品牌认证、推广、识别、延伸与国内外评价发布等关键环节的规则和机制，形成农业品牌全程管理体系。健全“三品一标”和名牌农产品在工商、税收、质检等方面的优惠政策，加大品牌产品生产和流通的支持力度，运用法律手段，强化品牌保护，形成良好政策环境。还必须加快农业经营组织和经营制度创新，在坚持和完善农村基本经营制度的基础上，着力培育家庭农场、农民专业合作组织、农业产业化龙头企业和农业社会化服务组织等新型农业经营主体，为农业品牌化建设奠定基础。

3. 建立和完善品牌标准体系

把产前、产中和产后各环节纳入标准化管理，逐步形成与国际、国家、行业相衔接的标准体系；按市场准入标准、名优农产品标准、出口标准形成细分市场的质量标准体系，强化对相关主体的行为监督。借鉴发达国家农产品品牌经验，把品牌建设作为参与全球农业竞争的国家战略。创立中国品牌农业的思想体系、理论体系、制度体系。科学规划品牌发展战略，制定国际化的品牌认证体系与质量管理体系，加强品牌的创新与保护，加大政府扶持并完善社会服务体系等。

4. 研究建立农产品品牌目录制度

研究建立农产品品牌、区域品牌的征集制度、审核推荐制度、价值评价制度，将农产品品牌按品种、目标市场等分类，定期发布目录，动态管理；完善、规范和强化对农产品品牌的推介、评选、推优等活动；逐步建立第三方评价机制，鼓励农产品企业做优质量，做好品牌；强化政府公益服务，用品牌增强消费者的信心，引导生产经营者发展品牌农产品。

5. 推进特色农产品区域品牌建设

发展农业品牌必须立足于农业资源的比较优势，以特色、高品质为基础。保护优势品种资源和环境，传承地方传统生产、加工工艺，开发历史文化民俗资源，扩大传统产地声誉，创新新兴产业集群，加强品牌经营资源整合。强化对获得农产品地理标志产品的管理和保护，建立地理标志产品品牌质量追溯体系。挖掘品牌资源潜力，打造具有国际竞争力的农产品品牌。重点谋划将一些具有重要影响力的农产品，列入规划，同时国家营销平台、国家农业品牌的建设，使其产品以独特风味、品质优势、价格优势等在国际市场上赢得消费者认可和喜爱。

三、农业品牌建设

（一）农业品牌建设的含义

农产品品牌建设是指农产品品牌建设主体对品牌进行的规划、创立、培育、扩张等行为过程。农业品牌建设必须紧紧依靠“四个主体”，即企业是自有品牌创建和培育的主体，消费者是品牌认知和宣传的主体，政府是品牌推进和监管的主体，社团是品牌推广和行业自律的主体。从当前实际看，我国农业品牌建设必须妥善处理三大关系：一是品牌与商标的关系。商标掌握在企业的手中，而品牌是属于消费者的，当消费者不再认可品牌，那么品牌就一无所值了。二是品牌与贴牌的关系。贴牌生产多见于工业，而且在一些世界级品牌产品的生产上已经占到相当比例。农业企业的“贴牌”生产正在快速发展，有些企业生产的农产品在市场上以其他企业的品牌进行销售，虽然不能从品牌价值链中分享利润，但对于企业自身提高生产水平和产品品质、对于当地农民出售农产品显然是有积极意义的。三是企业自有品牌与区域公用品牌的关系。由于农业生产的特殊性，农产品区域公用品牌在农业品牌建设中不可或缺。

（二）农业品牌建设的思路

第一，做好顶层设计，构建市场决定论下政府、协会和企业共同推进农业品牌化的机制。发挥政府在制定规则、支持保护等方面的作用，健全农业品牌化政策体系；发挥行业协会在政府与企业之间的桥梁纽带作用，提升行业自律水平；发挥企业的品牌创建主体作用，培育和壮大产品品牌。第二，把握辩证关系，实现品牌化与产业化、规模化、标准化、组织化良性互动。一方面，要充分利用我国加快构建新型经营体系，种养渔业生产、加工、流通、销售行业产业化、规模化水平快速提升，标准化和组织化程度不断提高的有利条件，增强生产经营主体品牌意识，加大品牌投入力度，提升品牌化水平；另一方面，要充分利用农业知名品牌带动我国现代农业体系走向社会化生产、企业化组织、市场化运作、品牌化竞争的机制，全面提升产业化、规模化、标准化、组织化水平。第三，制定未来我国 5—10 年的农业品牌发展规划。开展全面调查，对我国现有农业品牌建立分类明晰、档次分明的农业品牌目录。加强理论研究，品牌农业的发展是在探索中推进的，要边实践、边总结、边提升，实现理论和实践的互动式发展。

（三）农业品牌建设的措施

1. 优化农产品品牌运行环境

第一，农产品品牌建设是一个涉及多个主体的系统工程，政府在其中承担着重要角色。要发挥好政府这只“手”的作用，加强政府引导推动，需要做好：支持和服务农产品品牌建设、支持农产品国家品牌与农产品品牌国际化打造、注册和管理农产品品牌、评价监督和保护农产品品牌等工作，制定一系列农业品牌机制和制度。第二，积极发挥市场鼓励竞争、价格调节、主体优化的作用，实现产品优质优价，更好地引导品牌农产品生产。

2. 保障品牌农产品质量

农产品品牌体现的核心要素是农产品质量。第一，要保证品牌农产品质量，首先要推进标准化：加快推动农业全程标准化，从标准化生产基地抓起，扩大生产规模；强化标准化意识，加大宣传和推广的力度和广度；加强农产品内在品质、分等分级、包装保鲜等标准的制定和修订工作；积极采用国际标准和国外先进标准，提高品牌农产品的质量。第二，农业企业是实施农业品牌化战略的建设主体和核心载体。当一个企业专业化于某个特定领域的时候，它需要付出巨大的沉没成本，这意味着做一锤子买卖通常不是最好的选择。要在市场上持续生存下去，它必须抵挡利用信息不对称骗人的诱惑，建立一个诚实可信的声誉。当农产品市场价格和生产组织的声誉相关，而声誉取决于它所提供的产品质量时，生产者为获得较高的收益会减少机会主义行为取向，提高农产品质量。第三，加强对农产品的质量监督管理，特别是严格证后监管，严厉打击假冒伪劣产品。

3. 创新品牌农产品的流通方式

加强品牌农产品产销对接，探索品牌农产品“农超对接”“农社对接”“农校对接”等新型流通方式；利用农产品电子商务平台，建立网上品牌展厅，大力开展电子交易，降低农产品流通成本，免除蔬菜批发和零售环节增值税，清理和降低农产品批发市场、城市社区菜市场、乡镇集贸市场和超市的收费等政策；要加大农产品物流设施建设，统筹规划全国农产品流通设施布局，完善覆盖城乡的农产品流通网络；发挥中介组织的营销促销作用，鼓励品牌农产品更多进入国内外的各类重要展会，推动品牌农产品走向国内外；加强传统媒体阵地，特别是利用好《农民日报》、农业电影频道等，打造“舌尖上的农业品牌”等有吸引力的栏目和节目，发挥网络等现代媒体对品牌推介的独特作用。

4. 提高品牌科技含量

科技化是品牌建设的关键，科技含量的高低是农产品间的最大区别，是体现农产品品牌价值的关键，要把科技成果转化为现实的生产力，把现代农业发展的最新成果转化为市场的实际产品，如创新初级农产品保鲜、冷链物流技术和精深加工技术，提高品牌的附加值，取得经济、社会和生态的最佳效益，达到高产、优质、高效的目的。信息化是品牌建设的基础，要依托信息体系建设，建立绿色安全清洁的生产规程和管理流程，建立基于互联网技术的全程可追溯体系，强化农产品质量安全规范和体系建设，提高农产品质量安全水平，为品牌建设提供必不可少的支撑体系。

5. 挖掘品牌文化内涵

做品牌农业，挖掘文化内涵，不能只局限于挖掘农业文化，还要与挖掘当地的地域文化相结合，我国农业文化源远流长，地域文化十分丰富，只要我们深入挖掘，就能打造成具有鲜明文化特征的品牌农业产品。就地取材，挖掘农产品品牌的历史、地理、传统、风俗等文化，寻找品牌传统文化与现代文化的结合点，综合利用文字、图像、宣传片等制作精良的品牌文化产品，全方位、多层次、多渠道地展示农产品品牌形象。

6. 强化品牌金融服务

第一，将农产品品牌作为重要资产进行管理，进行持续的投资。探索品牌资本化运营机制，利用资本市场筹措品牌建设资金。第二，品牌发展离不开金融支持力度的加大。近年来，央行多次针对“三农”实施定向降准，农业银行、邮储银行“三农”金融事业部改革推进，多家农村商业银行在A股市场上市。第三，增加直接融资与间接融资对“三农”尤为重要。农业农村领域的投资周期长、回收慢、利润薄、品牌建设投入大、见效慢。大量农业企业规模小，经营风险大，缺乏抵押物，与银行间信息不对称的矛盾较为突出，直接与间接融资可以更好地解决这些问题。第四，提升金融机构服务“三农”的意愿，加大涉农贷款投放。推动农村金融机构回归本源，让农村金融“姓农、为农、惠农”。

第三节 发展数字信息农业

现代农业产业体系整体素质和竞争力的提升，重点要解决农业资源要素配置和农产品供给效率问题。其主要特征就是农业产业发展中突出高新技术的现代性，展示现代农业产业体系的核心竞争力。建设健全现代农业产业体系，必须注重高新技术的发展和运用，开发农业的多种功能，向农业的广度和深度进军，促进农业结构不断优化升级。

一、数字农业概述

数字农业可能离我们很远也难以理解，但数字政府的例子也许可以给出一个参照，让我们先说说数字政府。“让数据为老百姓跑腿”“最多跑一次”，这是数字政府的口号、真实写照和老百姓可以轻易理解的大白话。政府各个部门的联网、文件数字化、信息采集终端等，让数据为各项民生事业进行数字画像，进而可以清晰地对自然人、家庭、单位、行政手续等进行定义和描绘，借助这些充分、多维度、信用的数据，数字政府和单位如银行可以迅速审批各项手续，政府各部门信息孤岛变成互动的数据网络，已经带来巨大的社会效益。

农业农村的各个环节和要素的数字化和网络化，即数字农业。数字农业是一种数字生产力，如果单纯从技术上来举例说明，数字农业可以理解为：利用传感器收集作物的生长数据、土壤数据、环境数据以及气象数据等，将传感器收集到的数据传输至农田或设施内安置的小基站（低功耗广域网 LPWAN 传输），而后再将数据通过 2G/3G/4G/GPRS 等传输至大基站，后传输至云端，最后运用大数据、人工智能等技术构建农业数字模型，包括作物生长模型、作物灌溉模型、作物病虫害模型、温室控制模型等。除此之外，还可以控制滴水灌溉和水肥一体化等设备，监测设备运行状态，如风机、湿帘、电磁阀、保温被、卷被电机等，通过手机软件、电脑、微信小程序等实时在线查看作物长势，最终实现物理世界与数字世界的融合，实现农业数字化。

二、数字农业应用现状

（一）处于数字农业初级阶段

中国农业的发展需要经历四个阶段，中国农业大学李道亮教授将其定义为农业 1.0 到农业 4.0。农业 1.0 指的是传统农业，使用简单的工具，生产效率较低、无法抵抗自然灾害，只是解决了农产品的短缺问题；农业 2.0 指的是小型规模化农业，利用农业机械化工具，实现部分地区规模化发展，提升劳动生产率；农业 3.0 指的是自动化农业，利用计算机、硬件设备等产品，提升专业化水平，实现资源的合理利用；农业 4.0 指的是智慧化农业，利用多种设备获取相应的数据，实现数字化、智能化生产，将各个设备获取的数据打通，进行资源整合，实现无人化生产。中国目前还正处于农业 2.0 向农业 3.0 的关键过渡阶段。数字农业技术是传统农业向高品质、高产量、安全现代农业转型的重要途径。

（二）逐步提升农业收益

从人工成本上看，无人机植保可以节省大量人工开销。在 2008 年，以油动为主的植保无人机就开始应用。2013 年，开始出现电动或油电混动的无人机。到 2016 年，电动无人机基本统治植保市场。现阶段，无人机植保主要以喷洒农药为主。无人机植保能够解决农村劳动力短缺、劳动力成本高、农民植保作业效率低、农药和水资源浪费严重等问题。从农资成本开销上看，农业农田常见的开销有农用肥、灌溉等。目前先进的滴水灌溉按照技术手段不同，分为漫灌、喷灌、滴灌等，通过向土壤或者其他基质提供水分，代替向作物直接供水。水肥一体化更为先进，利用压力和管道灌溉系统，将可溶性固态肥料或者液态肥料溶解在水中，而后通过滴头和管道，将营养供给作物，通过收集各个作物在各个时期对水肥的需求规律，实现定时、定量、精准的作物供给。使用滴水灌溉或者水肥一体化技术，能够降低农业生产成本，达到节水节肥、增收的目的。从农业生产效率上来看，以种植业为例。2017 年，相对传统种植，设施蔬菜种植面积近 400 万公顷，占蔬菜种植总面积的 20%，设施栽培的主要蔬菜种类包括茄果类、瓜类、多年生类、食用菌类等上百种作物，主要分布在山东、河北、河南等地。据农业农村部印发的《全国设施蔬菜重点区域发展规划（2015—2020 年）》数据，设施蔬菜单位面积产值是大田作物的 25 倍以上，是露地蔬菜的 10 倍以上；从避免灾害降低损失上来看，在农业种植业方面，可以利用卫星、无人机和手持设备的遥感数据来监测作物生产情况，通过对获得的光谱图运用图像识别技术实现作物的产量预测，可获得作物的叶面积指数、作物类型以及耕地的地理信息等数据。卫星不仅可以监测作物长势情况，还可以收集气象数据，运用风云气象卫星，可以预测未来两周暴雨、干旱、冰雹等自然灾害发生情况，根据实际情况提前对作物进行农事操作。

（三）实现农产品的有力监管

数字农业技术在农业监管方面的应用解决了农产品质量安全“管得好”的问题。中国农业利用物联网技术和云计算技术的国际互联网建立远程支持和服务平台的智能农业远程托管中心，并实现远程栽培指导、远程故障诊断、远程信息监控、远程设备维护等。信息和生物技术、食品安全技术相结合，从种植的各个方面解决农产品的安全问题。充分利用先进的RFID、物联网、云计算技术，实现农业生产监控管理和产品安全可追溯性。

一是实现农业的生态环境监测。农业生态环境是影响农产品质量安全的基础。利用物联网技术对农业土壤进行信息采集，通过信息传输进行精确分析，这既能够得出适合在该检测土壤生长的相应农作物，又能够检测出该土壤存在的一些肉眼无法察觉的问题，及时进行土壤的调控与环境改善。物联网技术不单单只对突发环境进行检测，大气环境、水环境同样也是其检测的指标内容。对水环境进行检测，保证水源中不存在影响农作物生长与危害人体健康的微生物与重金属离子。对大气环境进行检测，及时检测出二氧化硫、二氧化氮等有毒气体，以便于及时采取措施改善周边大气环境，达到保证农作物健康生长的目的。

二是实现农产品安全追溯监管。目前基于物联网技术开发的追溯管理系统已经被广泛应用于农产品质量安全追溯、畜禽疫病电子出证等政府监管，通过 RFID 技术、智能二维码等可实现农产品生产全过程追溯，保障生态环境安全、农资安全、农产品安全。

（四）提升农业资源利用率

近年来，我国物联网技术的大力发展，与地理信息系统 GIS 系统和 GPS 系统的发展分不开。GIS 与 GPS 的协调运作，搜集整理信息，利用数字农业链路层进行信息处理与传输，实现了农业的统筹规划。GPS 即全球定位系统，利用卫星感知进行信息定位，将运用数字农业技术的农田通过GPS技术进行必要的信息采集，传输给处理器进行信息处理。它既可以了解到对于农田有益的水分、土壤、肥料的分布与蕴含情况，又能够及时地对监测区域的农作物生长、植物病虫害进行预警，为农业部门生产决策提供科学依据。

GPS定位系统已在农业生产活动中得以成熟应用。目前，新疆生产建设兵团已率先采用了先进的GPS农机远程控制系统。基于GPS技术的农业机械远程控制系统能够为农业信息化生产带来新突破，实践了精准播种、精准施肥、精准灌溉、精准耕种。上海迹图公司生产的星移品牌GPS定位系统，还能帮助农机管理者进行有效的作业监控和调度。例如，在应用GPS系统进行棉花播种时，大型播种机可以实现自动驾驶、高精度播种，1 000米播行垂直误差不会超过2厘米，有效解决了困扰农户多年的棉花“播行不直，接茬不准”的难题。它不仅提高了采棉机作业测量的精准度，还使得驾驶员的各类违规操作现象降低了90%，同时也有效降低了机械的维护成本。

（五）形成农产品电商新局面

农民靠天吃饭、产销不平衡、消费者对优质农产品的需求越来越高等问题亟待解决，数字农业为打通供需两端提供了有力的解决之道。对接数字农业平台是未来农产品电商发展方向，是区别于淘宝、京东等电商的最大亮点。现阶段，新闻频频曝出果农菜农产品滞销，导致大片农副产品腐烂在地里，其出现的根本原因就在于农民本身缺乏平台和渠道去推销及展示自己的产品，而数字农业的应用除了可以为农产品电商平台实现农产品推介、网上交易功能外，还可对农产品安全生产全过程溯源，通过农业生产监控视频、VR实景体验等进一步增强消费者对农产品安全的信任感与购买欲，进而培养高端消费群体，提高农业生产者的收入。

三、数字农业生产力分层模型的利用

中国是一个农业大国，农业在国民经济中占有重要的地位。而现在，中国农业普遍存在几个典型问题：中国人均耕地面积远小于世界平均水平，同时农业人均GDP远低于中国人均GDP，农业生产效率较低；化肥、农药单位面积使用量远高于世界平均水平，致使耕地质量逐渐降低，严重影响作物产量与农产品质量；中国农业用水量巨大，且近47%的农业用水被浪费；农村劳动力大量减少，中国农业人工成本逐渐增高，老龄化加剧。通过数字农业这样新兴的技术能够为农业生产力带来变革，借助数字农业的帮助能够改变现有的农业生产方式，有望解决中国农业中存在的问题，从而促进农业发展，推动乡村振兴。

（一）设施层

设施层主要包含农业设施和农业经营场所等对象。农业按照种植方式的不同，可分为设施种植和大田种植。设施种植由于成本等原因，主要以种植经济作物为主，包括蔬菜、水果、花卉等；而大田种植主要以粮食作物为主，也包括部分经济作物，如苹果、柑橘等作物。设施种植又可分为温室大棚、植物化工厂两种种植方式，温室大棚种植既包括连栋温室种植，又包括日光温室种植；植物化工厂是设施农业中的一种，指的是利用荧光灯、LED等人工光源为植物提供光照，并配备有循环风机空调、二氧化碳施肥系统、营养液循环系统等设备，满足植物对生长发育需要部分或全部的生产要素，可实现全程自动化调控，并具有一定的植物生产空间自动管理功能，实现高效化生产。植物化工厂能够实现工业化生产，可比传统种植单位面积的产量高几十倍甚至上百倍。目前，大田种植主要运用空对地的定位和遥感技术，无须相应设施，也有采用物联网技术的小型气象站监测室外的天气气候、病虫害以及农作物生长情况等数据；而设施种植的智能化就比较容易和领先。

（二）执行层

执行层主要包括传感和执行两方面的功能。需要什么传感器取决于当前农业生产存在什么问题，比如化肥用量是影响农业生产成本和土壤质量的最主要因素之一，数字农业通过传感器获得土壤肥力来实现精确施肥就具有现实意义。传感器是数据采集获取的终端，比如作物生长数据可以监测叶面温度、叶面湿度、果实大小、茎秆变化等，环境数据主要可以监测空气温湿度、二氧化碳浓度等，土壤数据可以监测土壤温湿度、土壤水势、土壤电导率、土壤 pH 值等，气象数据可以监测太阳光照强度、风速风向、降雨量、大气压力等。

执行器是能够自动控制的设备统称，比如水闸就是一种执行器。能够通过网络远程关闭和开启。相比传感器，执行器种类相对单一，人们目前能够操控的农业设备还很少，主要用于播种、排水、滴灌、光照、施肥、杀虫、冷链、收割等。

（三）控制层

控制层主要是用于终端决策来实现对传感器和执行器的操控。比如，蘑菇种植屋的防火喷淋系统通过烟雾传感器监测到火情时，无须远程系统的干预即可做出决策，通过执行器喷淋系统自动灭火，同时发送火情信息到数字农业生产力模型的上层。又比如，通过无线或有线传感节点，太阳能供电系统、信息采集设备、传输系统等获取的植物生长环境信息监控环境动态变化，监测土壤水分、土壤温度、空气温度、空气湿度、光照强度、植物养分含量等参数，根据以上各类参数的反馈对农业园区进行自动灌溉、自动降温、自动卷膜、自动进行液体肥料施肥、自动喷药等控制。控制层一方面通过传感器获取数据、通过处理器做出决策和通过执行器完成动作实施，另一方面协助上层完成分配的运算，终端就近处于工作现场而远离处于上层的中心节点，因而被称为边缘计算，而众多的终端分布在农业现场的各个位置，数量众多因而又被称为雾计算，便于实时响应现场的需求，便于实现负载均衡，便于更高的容错处理。

（四）链路层

链路层作为信息高速公路，是信息的基础设施，打通农业生产各个环节的信息孤岛，主要用于安全连接、低延时、可靠信息的传输。安全是链路层的第一要义，要求全链路加密。HTTP 时代黑客通过模拟使得人们不小心上了假的官网，而安全连接 HTTPS 引入后，官网能够证明“我是我”，进而解决了网络欺骗的问题。低延时是实现实时控制的基础，使得我们能够实时了解现场情况、实时实施措施。可靠传输保证了数据的完整性，识别数据传输出错和数据篡改，保证源头可追溯，忠实执行指令。它主要涉及的模块：一，无线通信，如 GPRS、4G、5G、Lora、ZigBee、蓝牙、Sub-1GHz 等。二，有线通信，如互联网络、电话网、串口等。三，通信协议，如 REST/HTTP、COAP、MQTT、AMQP、XMPP 等。四，加密通信，如加密密钥和 X509 数字证书，通过安全传输层协议（TLS）实施。五，加密数据，如非对称加密算法、Base64 等。六，设备安全，如签名固件与安全引导启动。七，数据完整性，如 CRC 校验、签名算法等。

（五）数据层

数据层是数据、信息本身的汇总，大致分为原始数据和挖掘数据两大类，原始数据是未经处理的现实数据，而挖掘数据是第六层以上通过云计算、人工智能、多维数据融合等处理之后的信息，被反馈回第一至五层执行或者输出到系统以外成为智慧城市智慧国家的一部分。主要的原始数据有：农业现场数据，如温度、湿度、光照度等；农业活动数据，如施肥、农药喷洒、紫外灭虫、温室环境控制等；农业设施管理数据，如设备联网数据、使用率、故障率、生产效率、能耗、耗损率、冷链仓储数据等；农业产值数据，如农产品产量、生鲜供应链、库存、销售数据、品质，种子、化肥、农药等物资供应数据；农业人员管理数据，如生产效率、考勤率等；外部数据，如气象、水文、交通、环境、大宗农产品指数等。数据层是数字农业的核心基础，对数字农业的各个要素进行抽象建模，在数字的世界里建立真实世界的充分倒影，从而使得我们在第六层计算层能够通过运算模拟真实世界的运行，解决具体到农业生产的实际问题。

（六）计算层

云计算、人工智能、数据挖掘等是计算层的主要动作。来自第五层的数据通过计算层得出大家能够直接理解的信息，能够用于农业生产、交换、管理方方面面的事务。其计算算法取决于第七层应用层的要求。计算层采用通用的算法等技术，与其他领域的计算并没有什么不同，通用性强，随着计算机 IT 技术、互联网技术、人工智能等新兴领域的快速发展而发展，从此连接上了信息技术高速公路，不再受制于农业计算科学的发展进度。

在数字农业领域的研发和创新，要看重全局数据控制和信息管理，在一个区域以及农业和其他产业的相互关联上，起到解决整个过程的数据分析、控制、挖掘以及决策支持、传递的作用。计算育种大数据平台和智慧农业大数据平台等应用平台，推出了“1+1+N”的模式，即一个智慧农业的大数据中心，一个支撑智慧农业大数据的决策指挥平台，带动 N 个面向区域特色的智慧农业的具体应用，将政府的监管、电子商务、质量溯源、监测控制应用和整个生产过程全部集成到一个平台。

（七）应用层

数字农业技术的落脚点即为解决人们在农业生产、流通、消费等整个闭环的实际问题，并且数字技术方案一定要比其他解决方案具备显著优势，比如成本削减、人员需求减少、周期缩短、周转加快、库存减少、生产计划精准等。坚持大数据驱动和多元数据的融合，加强流程信息的管理，以软件替代硬件来降低成本，做动态的智慧决策等相应解决方案。应用层从各个农业实体单位角度说明数字农业的微观效果和良性驱动，比如农业生产实现精益生产：显著产量提升，农产品品质提升，显著成本降低，如能耗、用水、用电，按需生产，定制化生产；农产品供需更为匹配，打通农业生产和农产品消费数据渠道，缩短产品生产供应周期，高效匹配生产和需求，快速响应需求，大数据避免农产品价格大幅波动，消除地域时间导致的价格差。

（八）生产关系层

生产力和生产关系是无法独立开来的，主要把数字农业宏观效果及对农业生产关系模式的改变归为单独的一层。比如实现需求、生产、供应、反馈全链路闭环，数据驱动的资源合理分配和利用，实现农业生产的专业化、自动化、集约化，与电子政务、智慧城市的接入，为乡村振兴助力。

四、数字农业未来趋势

未来的数字农业一定是全面数字化的，每一个生产要素在数字世界里都有一个对应的影子，不需要实际操作生产要素，我们就能通过计算模拟操作所带来的效果，实现对生产、消费、流通全链路的预测，做到资源效率最大化、柔性定制按需生产、透明监管等。一切都是由数据驱动，由计算机在抽象的世界里模拟运营再反馈到现实中。同时，数字技术与生物技术一起配合，推动农技和品种改良的快速进步。数字农业技术的推广在一定程度上能够推动农业走向信息化、提高农业生产管理水平，也可以起到保障农产品和食品安全的作用，助推农业进一步向智慧农业、精准农业方向发展。

发展数字农业科技，需要政府、相关研究机构、学者及农业信息科技企业的共同努力。政府应加强引导，制定相关的政策、规范，加大资金投入，尤其是加大对农业信息科技企业的补贴力度，促进创新发展、技术落地；相关研究机构、学者应加强人才队伍的建设，将自己的经验、方法以适宜的方式传递给相应的农业从业人员，将传统的农业耕作知识变成数字化、数据化产品，为未来的智慧农业发展奠定基础；以市场化为思考逻辑，农业信息科技企业需要深入一线，以农户为核心服务客户，思考如何帮助农户更好地发展，解决农户的根本问题。

另外，数字农业使得全程追溯农产品的生长过程成为可能，亦能有效实现农业生产工业化，在指导农民精耕细作，在育种栽培、施肥、灌溉等多个环节按照严格的标准执行，提高土地利用率以及单位产量，促农增收。然而要普及科技农业并没有那么容易，面临着高新技术投入、专业人才培养、农业大数据信息采集等难题需要解决。

第四节　发展循环农业

近年来，我国现代农业建设加快推进，取得了巨大成就，但农业保供给、保收入、保安全、保生态的压力越来越大，农业发展已经到了必须加快转变发展方式，需要更加注重合理利用资源、更加注重保护生态环境、更加注重推进可持续发展的历史新阶段。发展生态循环农业意义重大、势在必行。

一、循环农业概念及经济思想发展

（一）循环农业的概念

循环农业可以定义为循环经济理念在农业生产领域的延伸和运用，因此，循环农业就是在既定的农业资源存量、环境容量以及生态阈值综合约束下，从节约农业资源、保护生态环境和提高经济效益的角度出发，运用循环经济学的新方法组织的农业生产活动以及农业生产体系，通过末端物质能量的回流形成物质能量循环利用的闭环农业生产系统。

（二）农业循环经济思想的发展

农业循环经济是秉承农业可持续发展理念的新农业发展模式。农业可持续发展是人类在对农业现代化过程中产生的种种弊端进行深刻反思的基础上提出的一种战略构想。1985 年，美国加利福尼亚州议会通过《可持续农业研究教育法》，首次提出“可持续农业”的概念。1987 年，世界环境与发展委员会发表的题为《我们共同的未来》的研究报告，提出了“2000 年开始持续农业的全球政策”。1988 年，联合国粮农组织制定了《农业持续发展：对国际农业研究的要求》计划。1989 年 11 月，联合国粮农组织第 25 届大会通过了有关持续性农业发展活动的决议，强调在推进经济与社会发展的同时，要维护和提高农业生产能力。1991 年 4 月，联合国粮农组织在荷兰召开农业与环境国际会议，发表了著名的关于可持续农业和农村发展的《丹波宣言》和行动纲领，宣言首次把农业可持续发展与农村发展联系起来，并力图把各种农业的持续发展要素组合到一个系统中，使其更具操作性。

农业循环经济是循环经济系统的一个子系统，在农业资源投入、生产、产品消费及其废弃的全过程中，把传统的依赖农业资源消耗的线性增长的经济体系，转变为依靠生态型农业资源循环来发展的经济体系。它本质上是一种生态经济，要求运用生态学规律而不是机械论规律来指导人类社会的农业经济活动。

二、循环农业的发展模式

（一）循环农业模式的内涵

农业循环经济注重资源保护和合理利用，全国不同地区在注重借鉴传统农业精髓的同时，积极运用先进的科学技术和管理手段，通过对农业生态经济体系有针对性的技术设计、管理和实施，创造出许多富有成效的循环农业模式，并取得了显著成效。我国各地具体的自然和社会经济技术水平的差别，决定了循环农业模式本身的区域特性。由于循环农业表现形式的多样性，学术界对循环农业模式的定义颇多，不同的学者结合各自的研究领域和研究成果从不同的角度对其内涵进行了表述。有的学者认为循环农业模式可被抽象地认为是物质、能量、信息等要素在空间、时间、数量方面的最佳组合和选择，或被视为某区域内实现农业可持续发展的农业生态经济动态模型。还有的学者认为循环农业模式是用于实现和发展循环农业系统功能的各种具体生产要素（包括自然、社会、经济、技术因素等）的最佳组合方式，或具有一定结构和功能、效益的实体。

循环农业模式由人、自然资源、科学技术等要素构成，它是一种新型的、技术型的发展模式。其中，社会经济的发展是为了更好地保护生态环境，从而创造有利于人类生存和生活的生态空间，而资源环境的不断改善，也正是为了促进经济的持续发展和社会的持续进步。循环经济模式从一出现就带着全新的特征，并以此来引导社会经济的新型化发展，它包括经济、生态等方面的特征。

（二）循环农业的发展模式

1. 区域循环模式

区域循环模式即通过区域范围关联产业的投入产出关系，促进区域专业化和分工合理化，形成具有特色的区域循环农业模式。结合各地主导产业、特色产业、生态条件、生产条件以及产业链条中各链接点之间的关系，可形成不同类型的循环模式，既符合产业结构优化升级的要求，又形成以不同主导产业为核心的产业链条。基于循环经济的区域循环农业模式就是根据当地的资源状况，进行统筹协调和资源整合，构建各产业和部门，谋求农业生态系统中各要素及其相关系统之间、系统与外部之间的有序化与整体性持续运作。区域循环模式不仅对第一产业农业本身的发展起推动作用，而且还能带动第二产业中建筑业、加工业等和第三产业中交通运输业、金融业、服务业等行业的发展，通过城乡互动及各种要素资源优化整合实现城乡协调发展。

2. 能源综合利用模式

第一，在农村地区推广使用太阳能热水器，为大棚生产和农民生活提供热能，可以大大减少其他传统能源的使用，这种方式没有任何残留物质，不会对大气和水体造成污染，对于改善农村生态环境有重要意义。第二，立体种植（加养殖）模式是能在一定空间内把栽培植物与养殖动物按一定方式配置在一起的生产结构，使处于不同生态位的生物种群在系统中各得其所、相辅相成、互惠互利，更加充分地利用太阳能、空间、水分和矿物质营养元素，更能充分发挥土地和水域的综合生产能力，从而建立一个空间上多层次、时间上多序列的产业结构。在这种结构中，生物之间以共生互利或相克避害的关系联系在一起，并形成一种简单的食物链。第三，以沼气为纽带的综合利用模式是以土地为基础，以沼气为纽带，形成以农带牧、以牧促沼、以沼促果、果牧结合的配套发展和生产的良性循环系统。

3. 生态养殖模式

第一，根据国际经验，解决规模养殖场污染的最佳途径是实现农牧结合。每一个规模养殖场都必须保证有相应规模的农用土地，使养殖场排放的粪便和废水能被农田作物消化吸收。养殖场的粪便和废水通过管道排放到田间直接施用或分布在田间的小型蓄粪池待用。第二，稻田养殖鱼、虾、蟹等水生经济动物，形成稻鱼共生互利、良性循环的产业链，使水、土、气等资源得到多环节、多层次的综合利用。稻田为鱼、虾、蟹提供了良好的生长栖息场所和丰富的天然饵料资源；鱼、虾、蟹等水生经济动物对稻田具有松土、除草、除虫、增肥、增氧、增温等作用，可促进水稻增产。实践证明，稻田生态养殖以生物农药和有机肥为主，减少农药、化肥的施用量，不但降低了成本，而且减轻了污染，有利于农田环境保护和人民身体健康，生态效益和经济效益都十分明显。第三，农产品加工废弃物集中利用的循环模式，就是在某类加工废弃物较多的地区，建设一个规模较大、技术水平较高的农产品资源化基地，利用某项现代生物工程和高效提取技术，专业从事农产品加工废弃物的综合利用。对于易腐败或附加值较低的农产品固体废弃物、液体废弃物，宜采用就地利用的循环模式。

三、循环农业的技术实践

生态循环农业实际实践中，需要一定的技术支撑。以下介绍几种循环农业中常用的实践技术。

（一）畜禽粪便综合利用技术

1. 畜禽粪便堆肥化技术

堆肥化是在微生物作用下通过高温发酵使有机物矿质化、腐殖化和无害化而变成腐熟肥料的过程，在微生物分解有机物的过程中，不但生成大量可被植物利用的有效态氮、磷、钾化合物，而且又合成新的高分子有机物—腐殖质，它是构成土壤肥力的重要活性物质。

畜禽粪便是一种排放量很大的农业废弃物，其有机质含量丰富，且含有较高的氮、磷、钾及微量元素，是很好的制肥原料。畜禽粪便可以用来制造有机肥料和有机—无机复混肥。利用畜禽粪便和农作物秸秆进行高温堆肥是处理畜禽粪便的主要途径之一，是减轻其环境污染、充分利用农业资源最经济有效的措施。各类不同动物粪便有不同的特性。

堆肥过程中的主要管理措施有以下几点：第一，遮蔽。堆肥应避免风吹雨淋。如果堆肥未建在一个永久性的覆盖物下，可用塑料布或稻草来遮蔽肥堆。若用塑料布作遮蔽物，肥堆只能盖 10—14 天。在第一阶段发生剧烈发热过程中，如遇晴天，要揭开塑料布，以便肥堆透气。稻草能有效地挡雨，用稻草遮盖肥堆是个好办法。第二，腐熟。堆肥腐熟的时间一般为 4—6 天，腐熟后，如有必要，随时可以撒到田地里。好的堆肥应能被作物轻松吸收且不像未腐熟粪肥那样妨碍根的生长和发育，测试堆肥是否腐熟可使用水芹的种子做发芽试验，如果肥料还未腐熟，水芹就不会发芽。第三，翻堆。堆肥过程中，需定期进行翻堆，这有助于堆肥过程的再一次进行，可以用机器翻动肥堆。如果没有专门的翻堆设备，翻堆也可用前后装货机和撒粪机操作。第四，场所。最好的堆肥场所是在农家院里或邻近院子的地方。在农家院里堆肥能使肥堆中的流失物很容易再利用。要注意任何操作都不要过多地使用机器。半渗透性的混凝土也能作为堆肥的好地基，这种地基可以减少污染。

2. 畜禽粪便饲料化技术

畜禽粪便含有大量营养物质，如未消化的蛋白质、B 族维生素、矿物质元素、粗脂肪和一定的碳水化合物，同时也含有一些潜在有害物质，如重金属、抗生素、激素以及大量病原微生物或寄生虫。所以，畜禽粪便在作饲料时需控制用量或进行加工处理，以保证畜禽的安全。

青贮法。畜禽粪便可单独或与其他饲料一起青贮。这种方法经济可靠，投资少或不需投资。该方法能有效地利用畜禽粪便、秸秆和干草等农村废弃物，处理费用低，能源消耗少，产品无毒无味，蛋白质消化率和代谢率都能显著提高，间接地节约了饲料费用；加曲发酵法是用畜禽粪便和米糠、麦麸等加酒曲和水混合密封制成饲料；干燥法是一种简单处理畜禽粪便的方法，处理粪便的效率高、设备简单且投资少。干燥法处理后的粪便易于储存和运输，并达到灭菌与除臭的效果。干燥法主要包括自然干燥、高温快速干燥和低温烘干等；目前，许多畜牧场采用冲洗式的清扫系统，收集的粪便都是液体或半液体的，采用分离法，选用一定规格的筛和适当的冲洗速度，将畜禽粪便中的固体部分和液体部分分离开，可以获得满意的结果；分解法利用优良品种的蝇、蚯蚓或蜗牛等低等动物分解畜禽粪便，达到既提供动物蛋白又能处理畜禽粪便的目的。此法能得到较好的经济效益和生态环境效益，但前期灭菌、脱水处理和后期的蝇蛆收集以及温度等都较难控制，不易普及。

（二）秸秆综合利用技术

1. 秸秆能源化技术

直接燃烧具有简便、成本低廉、易于推广的特点，在秸秆主产区可为中小型企业、政府机关、中小学校和比较集中的乡镇居民提供生产、生活热水和用于冬季采暖；秸秆气化集中供气技术是高效利用秸秆资源的一种生物转化方式。原料经过适当粉碎后，在缺氧状态下不完全燃烧，并且采取措施控制其反应过程，使其变成一氧化碳、甲烷、氢气等可燃气体。燃气经降温、多级除尘和除焦油等净化和浓缩工艺后加压送至储气柜，然后直接用管道供给用户使用。秸秆气化经济方便、干净卫生。然而，大规模推行秸秆制气还需解决气化系统投资偏高、燃气热值偏低以及燃气中氮气与焦油含量偏高等问题；秸秆压块成型及炭化技术。秸秆的基本组织是纤维素、半纤维素和木质素，它们通常可在 200 ℃、300 ℃下被软化。在此温度下将秸秆软化粉碎后，添加适量的黏结剂，并与水混合，施加一定的压力使其固化成型，即得到棒状或颗粒状“秸秆炭”。其优点表现为：制作工艺简单、可加工成各种形状规格、体积小、储运方便；利用率较高，可达到 40%左右；使用方便、干净卫生，燃烧时污染极小；除民用和烧锅炉外，还可用于热解气化生产煤气、生产活性炭和各类“成型炭”。

2. 秸秆肥料化技术

农作物秸秆中含有丰富的有机质和氮、磷、钾等营养元素，以及钙、镁、硫等微量元素，是可利用的有机肥料来源。秸秆肥料化技术的关键是还田。秸秆还田技术有利于秸秆内营养成分的保存、增加土壤的有机质、培肥地力、提高作物产量、减少环境污染，是增效、增肥、改土的有效途径。

秸秆还田技术按粉碎方式可分为人工法和机械粉碎法两种：人工法是将秸秆粉碎后与水、土混合，堆沤发酵、腐熟，均匀地施于土壤中；机械法是在田间直接粉碎还田，在人工摘穗或机械摘穗的同时，用配套的粉碎机切碎秸秆，撒铺于地表，然后再旋耕两遍，再次切碎茎秆，随之入土，此法工效高，质量好，适于大面积推广。

随着生态工程原理在农业上的深入应用，传统的秸秆还田技术也不断得到改进，由秸秆直接还田（一级转化）逐步转变为“过腹”还田（二级转化）和综合利用后还田（多级转化），使秸秆的物质和能量得到充分合理的利用。

秸秆一级转化，又可分为秸秆就地翻压和制作秸秆堆肥。秸秆就地翻压还田的技术要求有：秸秆还田要及时，应选择秸秆在青绿时进行，以便加快秸秆腐烂；采用联合收割机收获时，如果秸秆成堆状或条状，应采取措施将秸秆铺撒均匀，以免影响秸秆还田的效果；在机械作业前，应施用适量的氮肥，以便加速秸秆的腐烂；要及时耕地灭茬和深耕；要浇足塌墒水，防止架空影响幼苗生长。制作秸秆堆肥还田的具体做法：把铡碎的秸秆与适量的粪、尿、土混拌，经过有氧高温堆制，或直接圈成土杂肥。高温堆肥是根据不同的地区和不同的季节，分别用直接堆沤、半坑式堆沤、坑式堆沤的方法进行堆置；自然发酵堆肥是将秸秆直接堆放在地面上，踩紧压实后，在上面泼洒一定数量的石灰水或粪水，用稀泥或塑料布密封，使其自然发酵，该法简便易行，缺点是发酵过程缓慢，时间较长。秸秆直接还田是把原来的废料转化为植物能够利用的原料，尽管对秸秆的生产能力是最低限度的发挥，但在一定程度上可缓和土壤缺肥的矛盾。

秸秆二级转化，是将秸秆作为饲料，经过动物利用后，排出粪便用于还田。不仅提高了秸秆的利用效率，而且避免了秸秆直接还田的一些弊端，尤其是调整了施入农田有机质的碳氮比，有利于有机质在土壤中的转化和作物对土壤中有效态氮的吸收。

秸秆过腹还田的方法大体上有三种：直接饲喂、氨化后饲喂、微生物发酵处理后饲喂。氨化处理简称秸秆氨化，指将切碎的秸秆填入干燥的壕、窖或地上压实，处理后的秸秆，浇过氨水，氨化后的秸秆柔软、较适口，且秸秆吸收了一定的氨，对瘤胃动物补加了一定的无机氮，有利于其生长。微生物处理秸秆的方法较多，有秸秆发酵、微贮、糖化等，都是在一定的温、湿条件下，接种一定的菌种，使秸秆进行了厌氧（或好氧）发酵后饲喂牲畜。微生物处理秸秆，提高了秸秆的营养价值，有利于养分的转化，适口性好，价格低，且不污染环境。

秸秆综合利用后还田，即多级转化。随着生态工程研究的发展，秸秆综合利用后还田的途径越来越多，一般的循环流程是：秸秆先用来培育食用菌，菌渣作畜禽饲料养蚯蚓，蚯蚓喂鸡；畜禽粪便养蝇蛆喂鸡，粪渣用来制取沼气，沼渣用来培养灵芝；最后的废料再作肥料施于农田。

第三章

构建现代农业经营体系

农业是国民经济的基础，着力构建新型农业经营体系，支持专业合作社、家庭农场发展，农村承包土地向新型农业经营主体流转，提高农业生产经营的规模化、设施化和标准化等现代农业走势，将是未来农业的发展趋势。

第一节 现代农业经营体系含义

现代农业是继原始农业、传统农业之后的一个农业发展新阶段。从世界范围看，传统农业向现代农业的转变，是在封建土地制度废除、资本主义商品经济和现代工业有了较大发展的基础上逐步实现的。这一转变大体上起始于19世纪中叶，至今已经历了百余年的历程。第二次世界大战后，现代农业迅速发展，许多国家实现了农业现代化，农业劳动生产率、土地产出率和商品率达到了前所未有的高度，使农业发展成为国民经济中的一个高度发达的现代基础产业。

一、现代农业基本内涵

（一）现代农业以科学技术为强大支柱

所谓现代农业建设，就是用现代物质条件装备农业，用现代科学技术改造农业，用现代产业体系提升农业，用现代经营形式推进农业，用现代发展理念引领农业，用培养新型农民发展农业，提高农业水利化、机械化和信息化水平，提高土地产出率、资源利用率和农业劳动生产率，提高农业素质、效益和竞争力。①

现代农业是伴随着科学技术的发展而发展的，并随着现代农业科学技术的创新与突破而产生新的飞跃。19 世纪 30 年代，细胞学说的提出使农业科学实验进入了细胞水平，突破传统农业单纯依赖人们的经验与直观描述的阶段。19 世纪 40 年代，植物矿质营养学说的创立，有力推动了化学肥料的广泛应用与化肥工业的蓬勃发展，标志着现代农业科学的一个新起点。19 世纪 50 年代，生物进化论的问世，揭示了生物遗传变异、选择的规律，奠定了生物遗传学与育种学的理论基础。20 世纪初，杂交优势理论的应用，带来了玉米杂交种的产生与大面积推广。杂种优势主要应用于多种作物育种，已成为一项十分有效的农业增产手段。第二次世界大战期间，杀虫剂的研制与生产，有力地促进了农药的应用与农药工业的发展。此后，随着现代科学技术的迅速发展及其在农业中的扩散与应用，大大拓宽了农业科学技术的领域，带来农业生产力的大幅度提高。

（二）现代农业以现代工业装备为物质条件

传统农业单纯依靠农业内部物质循环，而现代农业则是依靠增加大量现代工业装备和现代物质投入的、开放的高效农业系统。从发达国家的实践看，主要有四点：一是以工业化带动农业现代化。在钢铁、机械、化工、能源等现代工业的有力支持下，促进高效农机具、化肥、农药的普遍应用，成为加速传统农业改造、大幅度提高农业生产力水平的关键因素。

---

① 中共中央、国务院．关于积极发展现代农业扎实推进社会主义新农村建设的若干意见．中国政府网，http：//www. gov. cn/gongbao/content/2007/content_ 548921. htm.

二是以机械动力替代人（畜）力、以信息技术控制代替人工操作。这已成为现代农业技术革命的一个重要内容和现代农业的一个主要标志。三是以城镇化促进农业劳动力的转移。而农业劳动力的减少和非农产业的扩大，又推动了城镇化向更高水平迈进，从而加快了城乡经济的协调发展。四是以农业机械化带动农业劳动生产率与土地生产率的提高。评价农业机械化的作用，要辩证地对待农业劳动生产率与土地生产率的关系，着眼于总体生产力与经济效益的提高。

（三）现代农业以产业化为重要途径

我国于 20 世纪 90 年代初提出的农业产业化经营的发展道路，符合现代农业发展的趋势和要求。现代农业伴随着市场经济的发展而发展。在发达国家，不论农业经营规模大小，家庭农场都是作为农业经营的基本单位，通过社会化服务实现了小生产与大市场的连接。在市场经济迅速发展、市场竞争十分激烈的情况下，家庭经营通过多种形式联合起来，实现产业化生产、一体化经营，使农业生产呈现专业化、规模化、科学化和商品化趋势，已成为现代农业发展的重要途径。当前，我国农业产业化发展迅速，农村专业技术合作组织开始兴起，农业企业不断壮大，共同推进了现代农业的进程。

（四）现代农业以统筹城乡经济社会发展为基本前提

农业是经济再生产与自然再生产交织在一起的过程，其发展既受到自然因素的制约，也受到生物规律和市场规律的制约。当前我国面临农产品需求（包括数量、质量和种类）增长与农业生产力低下的矛盾。在这种情况下，如何协调工农关系，很好地统筹城乡经济社会发展，扶持农业发展与维护农民权益，加快传统农业改造的进程，就成为一个突出的问题。鉴于农业是“一切人类生存的第一个前提”，农业具有明显的基础性、公益性、战略性，发达国家及新兴工业化国家与地区在现代农业发展的不同阶段都采取一系列的有力扶持保护措施，在价格、信贷、税收、贸易、资源、科技、教育等方面制定相应的政策，推动了现代农业的全面发展。现代农业是以保障农产品供给、提供劳动力就业、增加农民收入、实现农业可持续发展为主要目标，以现代科学技术、现代工业装备、现代管理手段、现代经营理念为支撑，以政府对农业的宏观调控和支持保护为保障，充分发挥市场在资源配置方面的基础性作用，集产供销、贸工农于一体的多部门协调、各环节相衔接，由现代知识型农民和现代企业家共同经营，具有较强市场竞争力的一体化、多功能的农业产业体系。

二、现代农业的重要特征

（一）市场化程度日趋成熟

市场经济体制是现代农业发展的制度基础，它在资源配置中起着基础性作用。在市场经济条件下，农民从事农产品生产的主要目的不是为了自食自用，而是为市场提供商品，实现利润最大化。现代农业建设必须突破传统农业封闭低效、自给或半自给的局限性，坚持以市场需求为导向，采用专业化生产和一体化经营的产业化方式，调整农业结构和生产布局，提高投入产出效率。健全农产品现代流通体系，提高农产品市场占有率。目前，在农业现代化水平较高的国家，农产品商品率一般在90%以上。因而现代农业是以现代发达的市场为基础的专业化农业、一体化农业和高效农业。

（二）工业装备普遍采用

工业装备是现代农业的硬件支撑。在由传统农业向现代农业发展的历史阶段，农业机械是农业生产要素中影响现代农业进程的关键因素，并且农业机械化水平是实现农业现代化和形成农业竞争力的核心能力，农业机械化水平的高低决定着农业现代化的进程和农业竞争力的强弱。因此，现代农业建设必须突破传统农业生产过程完全依赖自然条件的约束，充分运用现代工业提供的技术手段和设备，使农业生产基本条件得以较大改善，抵御自然灾害能力不断增强，因而现代农业是使用现代工业设备武装，具有较强抵御灾害能力的设施农业、可控农业。

（三）先进科技广泛应用

先进的科技是现代农业发展的关键要素。与科技运用相适应，农业劳动者的素质也得到普遍提高。现代农业发展的动力来自科技进步与创新。先进的科技不断从潜在生产力转化为现实生产力，正成为推动现代农业发展的强大动力。现代农业的发展过程，实质上是先进科学技术在农业领域广泛应用的过程，是用现代科技及装备改造传统农业的过程，是用现代农业科技知识培养和造就新型农民的过程。在现代农业中，生产、加工、运销各个环节均采用先进的科学技术。同时，农业技术的发展也促使农业管理体制、经营机制、生产方式、营销方式等不断创新，因而现代农业是以现代科技为支撑的创新农业。

（四）产业体系逐渐完善

完善的产业体系是现代农业的重要标志。随着现代科技在诸多领域的突破，现代农业的发展已突破传统农业生产领域仅局限于种植业、畜牧业等初级农产品生产为主的狭小领域，由动植物向微生物，农田向草地森林，陆地向海洋，初级农产品生产向食品、生物化工、医药、能源等方向不断拓展，生产链条不断延伸，并与现代工业融为一体，因而现代农业是由现代科技引领的宽领域农业。与此同时，现代农业以一体化的经营方式进行资源配置和利益分配。农业产前、产中、产后紧密衔接，产加销、农工贸环环相扣，农业生产的专业化、农产品的商品化、农村服务的社会化全部被纳入经营一体化的轨道之中。

（五）生态环境受到重视

注重农业增长与生态环境的协调发展是现代农业发展的基本方向。近年来，世界各国在农业发展中，改变粗放型农业增长方式，重视土、肥、水、药和动力等生产资源投入的节约和使用的高效化，注重生态环境的治理与保护，在应用自然科学新成果的基础上，探索出“有机农业”“生态农业”等农业发展模式。可见，现代农业是根据资源禀赋条件选择适宜技术的集约化农业、生态农业和可持续农业。

三、现代农业发展的主要模式

（一）资源节约型现代农业模式

我国农业资源严重短缺，人地矛盾突出，可利用资源与农业粗放经营之间的矛盾日趋尖锐，农业资源有效利用率低等问题日益严重，因而建立资源节约型现代农业模式成为现代农业发展的必然选择。应积极发展“精准农业”“无土栽培农业”“旱作农业”和“节水农业”，走一条高度注重资源节约的现代农业发展道路。

（二）劳动密集型现代农业模式

我国农村劳动力资源极为丰富，发展劳动密集型现代农业具有很大的比较优势。应在加强农业实用人才培训，显著提高农民技术素质的基础上，大力发展蔬菜、水果、花卉、畜牧、水产等劳动密集型农业，最大限度地缓解人多地少矛盾的同时，不断提高农业的效益水平。

（三）区域特色型现代农业模式

我国自然条件的区域性、垂直性、过渡性分布特征，为发展区域特色型现代农业提供了多样化条件。应当依据各地的资源、技术和地理地貌等特点，面向市场需求进行优势资源的比较和筛选，发展各具特色的设施农业、生态农业、观光农业、都市农业等，重点发展名、优、特、新农产品。注重提高农业的整体功能与综合效益，形成特色农产品种植区和产业带，通过突出产业特色的方式发挥区域优势。

（四）可持续型现代农业模式

推进现代农业发展必须尽快实现农业增长方式由粗放型向集约型转变。实现农业生产各个环节的规范化、标准化、精确化，实行精耕细作和产业化经营，提高土地利用率和农业综合效益，增强农业抵御自然灾害的能力。要积极发展生态农业和循环农业，广泛应用立体种植技术、作物固氮技术以及利用生物链防治病虫害技术，促进农业经济效益与生态效益的有机统一，显著提高农业可持续发展的能力。

四、现代农业发展的基本趋势

（一）农业生产规模适度扩大

单家独户式农业经营方式难以发挥生产的规模效益，因而无法适应现代农业的发展需要。随着农业劳动力进一步向非农产业转移，农业科技水平进一步提高，农业区域化和专业化布局不断形成，不同类型的农业适度规模经营形式将得到越来越快的发展，并逐步成为农业经营方式的主体。在此基础上，农业将实现机械化、标准化的商品生产，农业的市场竞争力将进一步增强，比较效益将得到不断提高。

（二）可持续农业成为发展方向

有限的农业资源和日益增长的人口负担，在客观上要求遏制对农业资源的掠夺式开发，从根本上转变以过度消耗资源和破坏生态环境为代价的农业发展方式，走可持续农业之路。所谓可持续农业，就是可持续发展战略在农业领域的体现。可持续农业强调农业发展的整体性、系统性、协调性，主张用准确化的信息、集约化的管理和高科技投入去发展农业，实现自然生态的平衡，确保当代人和后代人对农业需要的满足。从发展的角度看，现代农业将实现更有质量的增长过程，在节约能源、降低消耗、减少废物、提高效益、改变传统农业生产和消费模式的同时，高度重视控制环境污染，改善生态环境，保护生物多样性，保证以可持续方式使用可再生资源，走可持续发展的农业道路。

（三）农业生产领域进一步拓展

现代农业的发展要求其生产领域不断得到扩展，这主要体现在三个方面：首先，农业基本生产资料由耕地向草地、森林、水面延伸；其次，初级农产品生产向食品、医药、绿色化工、生物物质等多种产品生产方向拓展；最后，农副产品综合和多层次开发将成为蕴含极大潜力的农业新的生长点。农业生产领域的拓展过程是伴随着农业产业化发展的，在此过程中，传统的农业内涵逐步改变，工业、农业界限渐趋模糊，农产品附加值和利润空间得以大幅度提升。

（四）农业生产日益科技化

高新技术成为现代农业发展的强大动力。现代农业与传统农业不同，它是建立在全面应用科技基础之上的高效农业。目前，现代农业科技正迅速向宏观和微观两个领域全面发展，由生物技术占主导地位引起的农业科技革命促进农业面貌发生根本性变化。

（五）农业日益走向商品化、国际化

在经济全球化发展格局下，世界各国发挥比较优势，参与国际市场分工和经济竞争。农业发展的国际化趋势对各国农业既是挑战又是机遇，各国只有调整农村经济结构，优先吸纳先进技术，才能适应国际市场的发展形势。农业日益商品化、国际化的趋势是农业采用高新技术的强大动力，从而将各国的农业逐步推向世界市场。

（六）农产品向多品种、高品质、无公害方向发展

质量和品种成为农产品竞争的首要因素。现代农业不仅能满足人们追求物质生活的需要，同时还能给人们提供健康上的保障及精神上的享受。“无公害”“无污染”“反季节”的“绿色”水果蔬菜以及工艺型、观光型、保健型农产品应运而生，为农业开发和农业科技的应用展现出诱人前景。

第二节　现代农业经营主体

职业农民成为现代农业经营的主体，新型职业农民以农业为职业，主要收入来自农业。他们可以是善经营、会管理的专业大户、家庭农场主，也可以是农民专业合作社。新型职业农民肩负着确保国家粮食安全和农产品有效供给、保护农业生态环境等社会责任，是现代农业建设的生力军。

一、新型职业农民构成现代农业经营主体

农民对土地具有与生俱来的深厚情怀，但快速发展的社会现实，往往

使其力不从心，难以成为现代农业的经营主体。兼业农民以务工为主，无暇顾及乡村建设。只有新型职业农民才能成为农业生产和乡村建设的最主要力量。新型职业农民有知识、有文化，能迅速接受新生事物，能获得最新的信息，掌握最新农业科技，也有组织意识和组织能力，往往成为村里致富的带头人。新型职业农民有头脑，具有参与村级事务的意识和能力，为参与村级管理和民主决策提供了基础，往往会成为村级干部和骨干力量。近年来，一些返乡创业青年，一些从乡村走出去致富不忘乡亲、返乡带领乡民共同发展的有识之士，他们与乡村精英一起共同构成了新型职业农民群体，成为乡村经济发展、文化建设和乡风文明等方面重要的推动力量。

二、职业农民的特点

（一）了解农业生产技术

农业生产需要长期的经验积累。只有职业农民才具备长期积累农业技术和经验的可能，只有掌握了诸如良种、农膜、灌溉、施肥、农业机械等一系列农业技术，才能顺利发展现代农业，让生产活动获得更好的收益。与传统农民和非职业农民相比，职业农民可以营造更好的地力条件、更优的品种选择、更适合的应用技术、更完善的措施，还有对生产过程更专业和精心的守护。据研究，从事种植业的农民如果懂技术，每亩产值可以达到不懂技术的农民的2-5倍；种烤烟的农民如果懂技术，每亩产值可以达到4 000元，而不懂技术的农民每亩产值可能只有几百元。

（二）熟练使用现代化农业机械

在耕、种、管、收各个环节，新型职业农民都需要使用各种农业机械，如翻耕机、旋耕机、播种机、插秧机、喷药机、联合收割机、采摘机、自走式青储收获机、甘蔗收获机、烘干机、秸秆处理机、搂草机、翻晒机、打捆机等，这些都得以大面积推广应用。农业机械能够极大地提高生产效率，降低农民的劳动强度，使农民不再被繁重的劳动所束缚。随着农业现代化不断向前发展，“面朝黄土背朝天”已经不再是新型职业农民的写照。农业技术一直处于发展之中，这要求职业农民终身学习，不断掌握新的技术。

（三）拥有学习能力和创新能力

做职业农民，要学习生产技术，学习使用现代化农机，这都需要职业农民有很强的学习能力。现在的农村，已经普遍实现了通公路、通电话、通电视、通互联网，在这样的环境下，职业农民也需要学习计算机操作、使用互联网、使用手机通信等方面的技术。农村地广人稀，出行一般需要机动车，职业农民也应该学习机动车驾驶技术及一定的修理技术等。

（四）具备一定的法律知识

毁林毁青在农村一些地方频发，严重影响了农村的生产秩序，挫伤了农民的生产积极性。此类案件的起因往往是由于土地、林地承包过程中农民之间产生的矛盾，有的是邻里之间或宅基地引发的矛盾转移，而有的是眼红他人发家致富从而打击报复等。现代社会的运行和发展需要规则，只有人人懂规矩、守规则，社会才能和谐发展。遵纪守法是每个公民的责任和义务。但是也应该看到，乡村的违法现象时有发生，导致各种纠纷和冲突，由于法律意识淡薄，农民也常常成为各种欺骗和陷阱的受害者。一方面，作为新型职业农民必须具备一定的法律知识，避免因为不知法而违反法律。特别是要熟悉与农业、农产品有关的法律法规，如《中华人民共和国农业法》《中华人民共和国农业技术推广法》《中华人民共和国种子法》《中华人民共和国森林法》《中华人民共和国野生动物保护法》《中华人民共和国农业转基因生物安全管理条例》《中华人民共和国植物检疫条例》《中华人民共和国基本农田保护条例》《中华人民共和国农药管理条例》《中华人民共和国野生植物保护条例》《中华人民共和国自然保护区条例》《中华人民共和国退耕还林条例》《中华人民共和国农产品质量安全法》等。通过学习法律懂得新型职业农民的角色规范，明确自己的权利、责任和义务。另一方面，新型职业农民要注意保护自己的各种合法利益不受侵犯，要掌握一些基本的民法知识如合同、物权、婚姻、继承等方面的相关内容，以及行政法的基本知识，比如，职业农民在进行经营的有些情况下需要签订合同，以免发生纠纷的时候处于不利地位，无法维护自己的权益。

（五）懂得经营之道

一是要学会调查市场，把握市场动态。要知道市场需要什么，缺什么，以决定自己拿出什么产品去满足市场。不能不去了解市场需要而去跟风，看到人家的种植或养殖赚钱，自己也去跟样学样，结果导致赔的可能比赚的多。

二是要学会企业管理。要能够有效地组织和运用各种生产要素，包括劳动力、资金、设备、原材料、燃料、专有技术、商标等，确保以较低的投入获得较高的产出，以提高经济效益。

三是要学会营销技巧。商品只有卖出去，才能实现价值。如果没有卖出去，即使生产得再多，质量再好，也不能认为是赚了钱。及时把商品卖出去，卖到好价钱，并且能按时回收货款，而且这种交易要能够持续进行，这就需要很好的营销技巧。这其中包含很多具体的技巧，如农产品品牌的树立和宣传，谈判的方法，处理危机的技巧等，都是新型职业农民应具备的素质。

四是要组织起来，合作社被认为是保护和实现农民利益的最有效组织，新型职业农民一般具有较大的经营规模，对合作的需求比较强烈。只有新型职业农民实现了广泛的联合与合作，才能提高谈判能力，降低交易成本，达到保护农民利益的目的。

第三节　现代农业经营主体建设

随着农村劳动力大量向城镇转移，谁来种地的问题逐渐凸现出来。通过培育像专业大户、家庭农场以及农民专业合作社这些新的农村生产经营主体，形成规模化、专业化、集约化和市场化的现代农业生产经营方式，是解决农村劳动力不足和土地撂荒的根本出路，同时也为新型职业农民如何开展农业生产经营提供了更多的机会和选择。

一、专业大户

专业大户统指那些种植或养殖生产规模明显大于当地传统农户的专业化农户。具体而言表现在某一农业产业收入占50%以上的农户，或者流转了别人的土地达到一定规模，但区别并不严格。例如，河南南阳对专业大户的规定是：一，从事种植业（包括种粮大户、种草大户、种果大户、特色种植大户、苗木大户），种植面积50亩以上。二，从事“四荒”开发大户在200亩以上。三，从事农产品营销大户，年销售额在50万元以上。四，从事农产品加工大户，资产规模达到50万元以上。

二、家庭农场

（一）家庭农场的概念

家庭农场原是指欧美国家的大规模经营农户。2007年党的十七届三中全会提出在有条件的地方可以发展家庭农场，由此家庭农场成为我国新型农业经营主体的一个重要类型。构成家庭农场的条件：一，家庭农场经营者应具有农村户籍（即非城镇居民）。二，以家庭成员为主要劳动力，即无常年雇工或常年雇工数量不超过家庭务农人员数量。三，以农业收入为主，即农业净收入占家庭农场总收益的80%以上。四，经营规模达到一定标准并相对稳定。五，家庭农场经营者应接受过农业技能培训。六，家庭农场经营活动有比较完整的财务收支记录。七，对其他农户开展农业有示范带动作用。家庭农场的基本特点是土地经营规模较大、土地流转关系稳定、集约化水平较高、管理水平较高等。和一般专业大户相比，家庭农场在集约化水平、经营管理水平、生产经营稳定性等方面做了进一步的要求。

（二）经营家庭农场的作用

一，家庭农场整合应用了先进的农业科技、良种、良法、农机作业，示范推广了农业高新科技，节约了生产成本。二，家庭农场参加了农业保险，增强了抵御自然灾害的能力。它得到政府扶持资金，能不断扩大种养殖规模，提高经济效益，增加示范效应。三，家庭农场按有机农业标准化技术生产，应用安全放心农资，生产出的农产品有机、环保，吃得放心，有订单，不愁销路，种出的农产品能获得很好的经济效益。四，创办人通过租赁获得农民的土地，家庭农场使闲置的土地发挥了最大效益。五，家庭农场是现代农业的发展方向，是进一步加快农业发展，示范推广农业新科技，提高科技贡献率的有效途径。

（三）家庭农场的经营

要成为一个合格的农场主，不仅要有资金，还要懂技术，以及具备与众不同的经营思路。一是要找准特色定位，针对当地的农业资源，选择最适合自己发展的种植业或者畜牧业，当地政府也应做好相应的服务工作，帮助农民找准定位。二是管理者要找“内行”，无论是家庭成员，还是请人帮工，都要让专业的人来做事，一个对农业一窍不通的城里人是不可能搞好农场的。三是要熟悉市场运作，事先就要搭建好销售渠道，避免“菜贱伤农”。四是要舍得投入基础设施，事先要有谋划，对于水利、电力、沟渠等设施要有规划，最好做一份计划书。五是要充分利用好农业政策。

三、农民专业合作社

（一）农民专业合作社的业务范围

农民专业合作社是在农村家庭承包经营基础上，同类农产品的生产经营者或者同类农业生产经营服务的提供者、利用者，自愿联合、民主管理的互助性经济组织。与公司、合伙企业等组织形式不同，农民专业合作社的内部组织结构比较简单，其经营是以其成员为主要服务对象，提供农业生产资料购买，农产品销售、加工、运输、贮藏以及与农业生产经营有关的技术、信息等服务。农民专业合作社为农业增产、农民增收作出了积极贡献。农民专业合作社的益处，是将村民从“单打独斗”的种植模式转变为“抱团闯市场”，使“指头”变成“拳头”，在市场上更具竞争力。

（二）农民专业合作社的基本原则

1. 成员以农民为主体

根据《中华人民共和国农民专业合作社法》（简称《农民专业合作社法》）规定，具有民事行为能力的公民，以及从事与农民专业合作社业务直接有关的生产经营活动的企业、事业单位或者社会团体，能够利用农民专业合作社提供的服务，承认并遵守农民专业合作社章程，履行章程规定的入社手续的，可以成为农民专业合作社的成员，即农民、企事业单位和社会团体都可以成为合作社的成员。适当吸收从事与合作社业务直接有关的生产经营的企事业单位或者社会团体参加合作社，对合作社开拓市场、提高市场竞争力等具有重要作用。但是，在允许非农民参加合作社的同时，应当保证农民成员的主体地位，防止合作社被少数人操纵和利用。《农民专业合作社法》规定，农民专业合作社的成员中，农民至少应当占成员总数的80%，并对合作社中企业、事业单位、社会团体成员的数量进行了限制。

2. 以谋求全体成员的共同利益为宗旨

农民专业合作社是以成员自我服务为目的而成立的。参加农民专业合作社的成员，都是从事同类农产品生产、经营或提供同类服务的农业生产经营者，目的是通过合作互助提高规模效益，完成单个农民办不了、办不好、办了不合算的事。这种互助性特点，决定了它以成员为主要服务对象，决定了“对成员服务不以营利为目的、谋求全体成员共同利益”的经营原则。

3. 入社退社自由自愿

农民专业合作社是互助性经济组织，农民可以自愿加入一个或者多个农民专业合作社，入社不改变家庭承包经营；农民也可以自由退出农民专业合作社，退出时，农民专业合作社应当按照章程规定的方式和期限，退还记载在该成员账户内的出资额和公积金份额，并将成员资格终止前的可分配盈余依法返还给成员。

但是，《农民专业合作社法》在坚持“入社自愿、退社自由”的成员资格开放原则的同时，也做出相应的限制性规定。一方面，从成员资格方面加以限制。规定成员必须具有行为能力，企事业单位和社会团体成员必须从事与农民专业合作社的业务有关的生产经营活动，而且数量不得超过法定比例。另一方面，规定了成员退社的条件和程序。农民专业合作社成员要求退社的，应当在财务年度终了的 3 个月前向理事长或者理事会提出，其中，企业、事业单位或者社会团体成员退社，应当在财务年度终了的 6 个月前提出；章程另有规定的，从其规定。退社成员的成员资格自财务年度终了时终止。农民专业合作社宣布解散，或者人民法院受理破产申请时，不能办理成员退社手续。

4. 成员之间实行平等民主管理

《农民专业合作社法》从农民专业合作社的组织机构和保证农民成员对本社的民主管理两个方面做了规定：农民专业合作社成员大会是本社的权力机构，农民专业合作社必须设理事长，也可以根据自身需要设立成员代表大会（需成员 150 人以上）、理事会、执行监事或者监事会；成员可以通过民主程序直接控制本社的生产经营活动。但需要注意的是，农民专业合作社法虽然以成员地位平等、实行民主管理为基本原则，但却不死守“一人一票”制，允许章程规定按照成员的出资和交易额附加表决权，但是不得超过基本表决权的 20%。

5. 盈余主要按照交易量（额）比例返还

盈余分配方式的不同是农民专业合作社与其他经济组织的重要区别。为了体现盈余主要按照成员与农民专业合作社的交易量（额）比例返还的基本原则，保护一般成员和出资较多成员的积极性，可分配盈余中按成员与本社的交易量（额）比例返还的总额不得低于可分配盈余的 60%，其余部分可以依法以分红的方式，按成员在合作社财产中相应的比例分配给成员。

（三）农民专业合作社的设立、登记、解散和清算

1. 农民专业合作社的法人地位

农民专业合作社作为市场主体，具有独立的法律地位，是其对外开展

经营活动的前提，也是其合法权益得以保护的基础。因此，法律规定农民专业合作社具有法人资格，也就是说它可以独立地进行民事活动，独立地承担责任。入社的农民不用担心一旦入社而又经营亏损，是不是自己多年辛辛苦苦积累的家底都要赔进去了，合作社的财产与个人财产是分开的、各自独立的。

2. 农民专业合作社的设立条件

农民专业合作社要成为法人，必须具备如下条件：

（1）农民专业合作社应当有5名以上的成员，其中农民至少应当占成员总数的80%。成员总数20人以下的，可以有1个企业、事业单位或者社会团体成员；成员总数超过20人的，企业、事业单位和社会团体成员不得超过成员总数的5%。

（2）有符合规定的章程。

（3）有符合规定的组织机构。

（4）有符合规定的名称和章程确定的住所。农民专业合作社的名称应当含有“专业合作社”字样，并符合国家有关企业名称登记管理的规定。农民专业合作社的住所是其主要办事机构所在地。

（5）有符合章程规定的成员出资。农民专业合作社成员可以用货币出资，也可以用实物、知识产权等能够用货币估价并可以依法转让的非货币财产作价出资。成员以非货币财产出资的，由全体成员评估作价。成员不得以劳务、信用、自然人姓名、商誉、特许经营权或者设定担保的财产等作价出资。成员的出资额以及出资总额应当以人民币表示，成员出资额之和为成员出资总额。

3. 农民专业合作社的登记

农民专业合作社经登记机关依法登记，领取农民专业合作社法人营业执照，取得法人资格。未经依法登记，不得以农民专业合作社名义从事经营活动。

农民专业合作社只要具备法律法规规定的设立条件，均可依法向住所地工商部门申请登记，取得法人资格。农民专业合作社注册登记并取得法人资格后，即获得了法律认可的独立的民商事主体地位，从而具备法人的权利能力和行为能力，可以在日常运行中依法以自己的名义登记财产（如申请自己的字号、商标或者专利）、从事经济活动（与其他市场主体订立合同）、参加诉讼和仲裁活动，并且可以依法享受国家对合作社的财政、金融和税收等方面的扶持政策。农民专业合作社的登记事项包括名称、住所、成员出资总额、业务范围、法定代表人姓名。

（1）设立登记。

设立农民专业合作社，应当向工商行政管理部门提交下列文件：

①登记申请书。

②全体设立人签名、盖章的设立大会纪要。

③全体设立人签名、盖章的章程。

④法定代表人、理事的任职文件及身份证明。

⑤出资成员签名、盖章的出资清单。

⑥成员名册及成员身份证明。

⑦住所使用证明。

⑧指定代表或委托代理人的证明。

如果业务范围在登记前须经批准，还应当提交批准文件。

（2）变更登记和注销登记。

①变更登记。已经登记的事项如果发生变更，应及时到原登记机关申请变更登记。

②注销登记。办理注销登记的情形包括：农民专业合作社的业务范围须经批准，但因特定事由许可证或批准文件被吊销、撤销的或有效期届满的；经清算组清算结束的；因合并、分立而解散的。

4. 农民专业合作社的解散和清算

（1）农民专业合作社的解散。

农民专业合作社解散是指合作社因发生法律规定的解散事由而停止业务活动，最终使法人资格消灭的法律行为。合作社有下列情形之一的，应当解散：

①章程规定的解散事由出现。一般来说，解散事由是合作社章程的必要记载事项，合作社的设立大会在制定合作社章程时，可以预先约定合作

社的各种解散事由，如合作社的存续期间、完成特定业务活动等。如果在合作社经营中，规定的解散事由出现，成员大会或者成员代表大会可以决议解散合作社。如果此时不想解散，可以通过修改章程的办法，使合作社继续存续，但这种情况应当办理变更登记。

②成员大会决议解散。成员大会是合作社的权力机构，依法有权对合作社的解散事项作出决议。农民专业合作社召开成员大会，作出解散的决议应当由本社成员表决权总数的2/3以上通过。章程对表决权数有较高规定的，从其规定。成员大会决议解散合作社，不受合作社章程规定的解散事由的约束，可以在合作社章程规定的解散事由出现前，根据成员的意愿决议解散合作社。

③因合并或者分立需要解散。当合作社吸收合并时，吸收方存续，被吸收方解散；当合作社新设合并时，合并各方均解散。当合作社分立时，如果原合作社存续，则不存在解散问题；如果原合作社分立后不再存在，则原合作社应解散。合作社的合并、分立应由成员大会作出决议。

④依法被吊销营业执照或者被撤销。依法被吊销营业执照是指依法剥夺被处罚合作社已经取得的营业执照，使其丧失合作社经营资格。被撤销是指由行政机关依法撤销农民专业合作社登记。农民专业合作社向登记机关提供虚假登记材料或者采取其他欺诈手段取得登记的，由登记机关责令改正；情节严重的，撤销登记。当合作社违反法律、行政法规被吊销营业执照或者被撤销的，应当解散。

（2）农民专业合作社解散后的清算。

清算，指农民专业合作社解散后，依照法定程序清理合作社债权债务，处理合作社剩余财产，使合作社归于消灭的法律行为。清算的目的是为了保护合作社成员和债权人的利益，除合作社合并、分立两种情形外，合作社解散后都应当依法进行清算。

①清算组的成立。因章程规定的解散事由出现、成员大会决议解散或者依法被吊销营业执照、被撤销等原因解散的，应当在解散事由出现之日起15日内由成员大会推举成员组成清算组，开始解散清算。逾期不能组成清算组的，成员、债权人可以向人民法院申请指定成员组成清算组进行清

算，人民法院应当受理该申请，并及时指定成员组成清算组进行清算。

②清算组的职权。清算组是指在合作社清算期间负责清算事务执行的法定机构。合作社一旦进入清算程序，理事会、理事、经理即应停止执行职务，而由清算组行使管理合作社业务和财产的职权，对内执行清算业务，对外代表合作社。清算组自成立之日起接管农民专业合作社，负责处理与清算有关的未了结业务，清理财产和债权、债务，分配清偿债务后的剩余财产，代表农民专业合作社参与诉讼、仲裁或者其他法律程序，并在清算结束时办理注销登记。清算组成员应当忠于职守，依法履行清算义务，因故意或者重大过失给农民专业合作社成员及债权人造成损失的，应当承担赔偿责任。

③清算的程序。第一步，通知、公告合作社成员和债权人。合作社在解散清算时，由清算组通知本社成员和债权人有关情况，通知、公告债权人在法定期间内申报自己的债权。为了顺利完成债权登记、债务清偿和财产分配，避免和减少纠纷，清算组应当自成立之日起10日内通知本社成员和明确知道的债权人；而对于不明确的债权人或者不知道具体地址和其他联系方式的，由于难以通知其申报债权，清算组应自成立之日起60日内在报纸上公告，催促债权人申报债权。但如果在规定的期间内全部成员、债权人均已收到通知，则免除清算组的公告义务。债权人应在规定的期间内向清算组申报债权。债权人申报债权时，应明确提出其债权内容、数额，债权成立的时间、地点，有无担保等事项，并提供相关证明材料，清算组对债权人提出的债权申报应当逐一查实，并做出准确翔实的登记。这里需要说明的是，在债权申报期间内，清算组不能对债权人进行清偿，如果清算组在此期间对已经明确的债权人进行清偿，有可能造成后申报债权的债权人不能得到清偿，这是对其他债权人权利的严重侵害。第二步，制订清算方案。清算组在清理合作社财产、编制资产负债表和财产清单后，应尽快制订包括清偿农民专业合作社员工的工资及社会保险费用，清偿所欠税款和其他各项债务，以及分配剩余财产在内的清算方案。清算组制订出清算方案后，应报成员大会通过或者人民法院确认。第三步，实施清算方案。清算方案经农民专业合作社成员大会通过或者人民法院确认后实施。

清算方案的实施必须在支付清算费用、清偿员工工资及社会保险费用，清偿所欠税款和其他各项债务后，再按财产分配的规定向成员分配剩余财产。如果发现合作社财产不足以清偿债务的，清算组应当停止清算工作，依法向人民法院申请破产。第四步，清算结束办理注销登记。办理完合作社的注销登记，清算组的职责终止，清算组即行解散，不得再以合作社清算组的名义进行活动。另外需注意，农民专业合作社接受国家财政直接补助形成的财产，在解散、破产清算时，不得作为可分配剩余资产分配给成员；破产财产在清偿破产费用和公益债务后，应当优先清偿破产前与农民成员已发生交易但尚未结清的款项。

（四）农民专业合作社的治理

1. 农民专业合作社成员的权利和义务

（1）成员的权利。

①参加成员大会，并享有表决权、选举权和被选举权，按照章程规定对本社实行民主管理。

②利用本社提供的服务和生产经营设施。

③按照章程规定或者成员大会决议分享盈余。

④查阅本社的章程、成员名册、成员大会或成员代表大会记录、理事会会议决议、监事会会议决议、财务会计报告和会计账簿。

⑤章程规定的其他权利。

（2）成员的基本表决权和附加表决权。

成员大会的选举和表决，实行一人一票制，每一个成员不论是农民成员还是法人成员，均享有一票的基本表决权。附加表决权，是指出资额或者与本社交易量较大的成员，可以享有的超出基本表决权的表决权。但是是否享有附加表决权，要看全体成员共同制定的章程中对此是否加以规定。如果规定此权利，不得超过基本表决权总票数的20%。章程还可以限制附加表决权行使的范围。

（3）成员的义务。

①执行成员大会、成员代表大会和理事会的决议。

②按照章程规定向本社出资。

③按照章程规定与本社进行交易。

④按照章程规定承担亏损。

⑤章程规定的其他义务。

2. 农民专业合作社的组织机构

（1）法定组织机构。

①成员大会。

农民专业合作社的成员大会由农民专业合作社的全体成员组成，成员大会是农民专业合作社的权力机构，负责就合作社的重大事项作出决议，集体行使权力。成员大会以会议的形式行使权力，而不采取常设机构或者日常办公的方式。成员参加成员大会是法律赋予所有成员的权利，也是合作社“成员地位平等，实行民主管理”原则的体现，所有成员都可以通过成员大会参与合作社事务的决策和管理。成员大会行使下列职权：

a. 修改章程。合作社章程的修改，需要由本社成员表决权总数的2/3以上成员通过。

b. 选举和罢免理事长、理事、执行监事或者监事会成员。理事会（理事长）、监事会（执行监事）分别是合作社的执行机关和监督机关，其任免权应当由成员大会行使。

c. 决定重大财产处置、对外投资、对外担保和生产经营中的其他重大事项。上述重大事项是否可行、是否符合合作社和大多数成员的利益，应由成员大会来作出决定。

d. 批准年度业务报告、盈余分配方案、亏损处理方案。年度业务报告是对合作社年度生产经营情况进行的总结，对年度业务报告的审批结果体现了对理事会（理事长）、监事会（执行监事）一年工作的评价。盈余分配和亏损处理方案关系到所有成员获得的收益和承担的责任，成员大会有权审批。成员大会认为方案符合要求的予以批准，反之则不予批准，可以责成理事长或者理事会重新拟定有关方案。

e. 对合并、分立、解散、清算作出决议。合作社的合并、分立、解散关系合作社的存续状态，与每个成员的切身利益相关。因此，这些决议至少应当由本社成员表决权总数的 2/3 以上通过。

f. 决定聘用经营管理人员和专业技术人员的数量、资格和任期。农民专业合作社是由全体成员共同管理的组织，成员大会有权决定合作社聘用管理人员和技术人员的相关事项。

g. 听取理事长或者理事会关于成员变动情况的报告。成员变动情况关系到合作社的规模、资产和成员获得收益与分担亏损等诸多因素，成员大会有必要及时了解成员增加或者减少的变动情况。

h. 章程规定的其他职权。除上述七项职权，章程对成员大会的职权还可以结合本社的实际情况做其他规定。

②理事长。

农民专业合作社作为法人进行工商登记后从事生产经营活动，必须从设立起就明确合作社的法定代表人。因此《农民专业合作社法》规定，理事长为本社的法定代表人。合作社设理事长是《农民专业合作社法》明确规定的，不管合作社的规模大小、成员多少，也不管合作社有无理事会，都要设理事长。

（2）任意组织机构。

①成员代表大会。农民专业合作社存在发展规模、成员分布地域等不同情况，要求所有成员在统一的时间内集中在一起召开成员大会往往难以实现。为了保证合作社成员能够依法有效行使民主管理的权力，降低召开成员大会的成本，提高议事效率，《农民专业合作社法》规定：成员超过 150 人的农民专业合作社可以设立成员代表大会。成员总数达到这一规模的合作社，可以根据自身发展的实际情况决定是否设立成员代表大会，需要设立成员代表大会的合作社，应当在章程中载明相关事项，并按照章程的规定设立成员代表大会。

②理事会。《农民专业合作社法》规定，农民专业合作社都要设理事长，理事会可以设立，也可以不设立。合作社规模较小，成员人数很少，没有必要设立理事会的，由一个成员信任的人作为理事长来负责合作社的经营管理工作，这样有利于精简机构，提高效率。关于合作社是否设立理事会及理事的人数等事项，《农民专业合作社法》并未作强制性规定，而

由合作社章程规定。理事长、理事会由成员大会从本社成员中选举产生，对成员大会负责，其产生办法、职权、任期、议事规则由章程规定。

③监事会或执行监事。监事会或者执行监事是农民专业合作社的监督机关，对合作社的财务和业务执行情况进行监督。监事会是指由多人组成的团体担任的监督机关，执行监事是指仅由一人组成的监督机关。农民专业合作社可以设监事会或者执行监事。农民专业合作社的监督是由全体成员进行的监督，强调的是成员的直接监督。由此，《农民专业合作社法》规定，监事会或者执行监事不是农民专业合作社的必设机构。如果成员大会认为需要提高效率，可以根据实际情况选择设监事会或者执行监事。是否设监事会或执行监事由合作社在章程中规定。一般来讲，合作社设执行监事的，不再设监事会。

④经理。《农民专业合作社法》规定，农民专业合作社的理事长或者理事会可以按照成员大会的决定聘任经理。经理应当按照章程规定和理事长或者理事会授权，负责农民专业合作社的具体生产经营活动。因此经理是合作社的雇员，在理事会（理事长）的领导下工作，对理事会（理事长）负责。经理由理事会（理事长）决定聘任，也由其决定解聘。农民专业合作社的理事长或者理事可以兼任经理。理事长或者理事兼任经理的，也应当按照章程规定和理事长或者理事会授权履行经理的职责，负责农民专业合作社的具体生产经营活动。

总之，经理不是农民专业合作社的法定机构，合作社可以聘任经理，也可以不聘任经理；经理可以由本社成员担任，也可以从外面聘请。是否需要聘任经理，由合作社根据自身的经营规模和具体情况而定。聘任经理或者由理事长、理事兼任经理的，由经理按照章程规定和理事长或者理事会授权，负责农民专业合作社的具体生产经营活动；否则，由理事长或者理事会直接管理农民专业合作社的具体生产经营活动。

3. 农民专业合作社的章程

农民专业合作社的章程由全体设立人制定，所有加入该合作社的成员都必须承认并遵守。章程应当采用书面形式，全体设立人在章程上签名、盖章。农民专业合作社的章程是农民专业合作社自治特征的重要体现，因此，对于农民专业合作社的重要事项，都应当由成员协商后规定在章程之中。

修改章程要经成员大会作出修改章程的决议，并应当依照《农民专业合作社法》的规定，由本社成员表决权总数的2/3以上通过。章程也可以对修改章程的程序和表决权数作出更严格的规定，这也是为了保证章程的相对稳定。

农民专业合作社章程应当载明下列事项：

（1）名称和住所。

（2）业务范围。

（3）成员资格及入社、退社和除名。

（4）成员的权利和义务。

（5）组织机构及其产生办法、职权、任期、议事规则。

（6）成员的出资方式、出资额。

（7）财务管理和盈余分配、亏损处理。

（8）章程修改程序。

（9）解散事由和清算办法。

（10）公告事项及发布方式。

（11）需要规定的其他事项。

4. 农民专业合作社的财产制度

（1）农民专业合作社的财产权利。

①合作社的财产权利。

《农民专业合作社法》规定，合作社对成员出资、公积金、国家财政补助和社会捐赠形成的财产，享有占有、使用和处分的权利。该规定实质上是明确了合作社对上述财产的独立支配的权利，而不苛求拥有对这些财产的所有权。农民专业合作社以上述财产对债务承担责任，是合作社行使财产处分权利的重要形式。

②成员的财产权利。

在农民专业合作社中，成员的财产权利表现在以下方面：

a. 成员向合作社的出资在本质上是将其个人拥有的财产授权于合作

社支配，在合作社存续期间，其作为合作社成员与其他成员以共同控制的方式行使对所有成员出资的支配。

b. 合作社应当为每一个成员设立成员账户，用以记载成员出资、公积金份额和交易量（额），作为成员参加盈余分配的重要依据，同时也说明了成员对其出资和享有的公积金份额拥有终极所有权。《农民专业合作社法》规定，成员资格终止的，农民专业合作社应当按照章程规定的方式和期限，退还记载在该成员账户内的出资额和公积金份额；对成员资格终止前的可分配盈余，依照该法第三十七条第二款的规定向其返还。同时，明确规定资格终止的成员应当按照章程规定分摊资格终止前本社的亏损及债务。

（2）农民专业合作社的成员账户制度。

成员账户是指农民专业合作社在进行某些会计核算时，要为每位成员设立明细科目分别核算。根据《农民专业合作社法》的规定，成员账户主要包括3项内容：一是记录成员出资情况，二是记录成员与合作社交易情况，三是记录成员的公积金变化情况。这些单独记录的会计资料是确定成员参与合作社盈余分配、财产分配的重要依据。

（3）农民专业合作社的盈余分配制度。

合作社盈余的分配，主要应根据交易量（额）的比例进行返还，按交易量（额）比例返还的盈余不得低于可分配盈余的60%。比如农产品销售合作社，如果成员都不通过合作社销售农产品，合作社就收购不到农产品，也就无法运转。对于农业生产资料合作社，如果成员不通过合作社购买生产资料，合作社也就失去了存在的必要。因此，成员享受合作社服务的量（即与合作社的交易量）就是衡量成员对合作社贡献的最重要依据。成员与合作社的交易量也就是产生合作社盈余的最重要来源（当然，成员出资也扮演了重要角色）。

按交易量（额）的比例返还是盈余返还的主要方式，但不是唯一途径。根据《农民专业合作社法》的规定，合作社可以根据自身情况，按照成员账户中记载的出资和公积金份额，以及本社接受国家财政直接补助和他人捐赠形成的财产平均量化到成员的份额，按比例分配部分利润。

在现实中，一个合作社中成员出资不同的情况大量存在。在我国农村资金比较缺乏，合作社资金实力较弱的情况下，必须足够重视成员出资在合作社运作和获得盈余中的作用。适当按照出资进行盈余分配，可以使出资多的成员获得较多的盈余，从而实现鼓励成员出资、壮大合作社资金实力的目的。此外，成员账户中记载的公积金份额、本社接受国家财政直接补助和他人捐赠形成的财产平均量化到成员的份额，也都应当作为盈余分配时考虑的依据。这是因为补助和捐赠的财产是以合作社为对象的，而由此产生的财产则应当归全体成员所有，并可以作为盈余分配考虑的依据。农民专业合作社的财务制度合理健全与否，直接关系到合作社能否健康有序运行，同时关系到成员的切身利益。《农民专业合作社法》主要从以下五个方面进行了规定：

①农民专业合作社应当按照国务院财政部门制定的财务会计制度进行会计核算。

②农民专业合作社实行财务公开制度，理事长或者理事会应当按照章程规定，组织编制年度业务报告、盈余分配方案、亏损处理方案以及财务会计报告，以供成员查阅。

③实施成员账户制度，为每一个合作社的成员建立账户，明确记载该成员的出资、公积金以及与其所在合作社的交易量（额），以保护每一个成员的财产权。

④对于农民专业合作社与其成员和非成员之间的交易，实行分别核算制度。这一方面体现了农民专业合作社区别于其他经济组织的本质特征，另一方面也保证了国家扶持政策的有效落实。

⑤合作社应当设立不可分割的公共积累，以满足合作社发展的资金需求。同时对农民专业合作社的公积金制度也做了比较灵活的处理：一是是否提取公积金由合作社自己决定，即不设置法定公积金制度；二是提取的公积金应当量化到每一个成员，记载在成员账户中，并作为成员参与盈余分配的依据，以保护成员的财产权利；三是成员退社时，可以按照成员账户中的记载，带走其出资和相应的公积金。

四、发展适度规模经济

人多地少是我国的基本国情，户均经营土地规模只有 7 亩多，农户小规模分散经营一直是我国农业经营的主要方式。这种农业经营方式不利于资源的优化配置和劳动生产率的有效提高，在一定程度上延缓了农业现代化进程。近年来，随着工业化、城镇化进程加快发展，越来越多的农业剩余劳动力转移到非农就业，为适度扩大农业经营规模、有效提高劳动生产率创造了条件，各地围绕发展农业适度规模经营进行了多种形式的有益探索，积累了丰富的实践经验。从长远看，推动农业从传统农户分散经营向集约化、专业化、组织化、社会化相结合的新型经营体系转变，是我国建设现代化农业强国的必由之路。

（一）开展农村土地承包经营权确权登记颁证工作

需要抓紧抓实农村土地承包经营权确权登记颁证工作，妥善解决农户承包地块面积不准、“四至”不清等问题，鼓励有条件的地区在承包土地确权登记颁证基础上，探索承包土地折股量化、按股分配，发展适度规模经营。同时，应加强对农村土地承包经营权确权登记颁证工作和农村土地经营权流转政策的宣传，让农民充分了解确权登记颁证工作的目的、意义、作用和程序要求，充分发挥农民群众的主体作用，提高农民维护土地承包权益的意识和能力。

（二）发展多种形式的适度规模经营

要坚持农民家庭经营主体地位，创新土地流转和规模经营方式，培育专业大户、家庭农场、农民专业合作社、产业化龙头企业等新型经营主体，积极发展多种形式的适度规模经营。发展农业规模经营要“适度”，不能盲目求大、强行推进。从全国来看，由于各地的农业资源禀赋、农民就业和收入结构等自然经济条件千差万别，不可能存在一个放之四海而皆准的土地经营规模，不仅各地农业经营适宜的规模标准不一而足，农业规模经营的实现形式也要因地制宜，各地要结合实际不断探索和丰富适合当地发展的有效形式。有条件的地方根据农民意愿，可以统一连片整理耕地，将土地折股量化、确权到户，经营所得收益按股分配。鼓励农民在自愿前提下采取互换并地方式解决承包地细碎化问题。鼓励承包农户依法采取转包、出租、互换、转让及入股等方式流转承包地。有条件的地方应制定扶持政策，引导农户长期流转承包地并促进其转移就业。引导农民以承包地入股组建土地股份合作社，鼓励承包农户开展联户经营，引导发展农民合作社联合社，扩大生产经营面积，解决土地碎片化和产出能力低下等问题，推动集约规模经营。引导鼓励龙头企业与农民或农民合作社，以“订单农业”等方式实现规模经营。所以，合理确定适合当地的土地经营规模要靠各地从实践中探索。

（三）落实好支持适度规模经营的扶持政策

1. 加快培育新型农业经营主体

近年来，各地涌现出大量多种类型的新型农业经营主体，有力带动了适度规模经营发展。经国务院批准，从 2015 年调整完善农作物良种补贴、种粮农民直接补贴和农资综合补贴等三项补贴政策（简称农业“三项补贴”），统筹用于支持粮食适度规模经营，重点向种粮大户、家庭农场、农民合作社、农业社会化服务组织等新型经营主体倾斜。各级财政还应加大对农民合作社的支持力度，重点支持以家庭成员为主要劳动力，以农业为主要收入来源，从事专业化、集约化农业生产的规模适度的家庭农场发展。鼓励开展大型农机金融租赁试点和创新农机信贷服务，多渠道多形式满足适度规模经营主体的购机和用机需求。推动财政支农项目与新型经营主体有效对接，使其更加广泛和深入地参与财政支农项目的建设、运行和管理。

2. 支持引导有利于适度规模经营的体制机制创新

稳步推进土地经营权抵押、担保试点。推动组建以政府出资为主、重点开展农业信贷担保业务的县域融资性担保机构，加快构建覆盖全国的农业信贷担保服务网络。积极推动普惠金融服务体系建设，继续发挥农村金融机构定向费用补贴和县域金融机构涉农贷款增量奖励政策的引导作用，鼓励金融机构加大对适度规模经营的支持力度。采取贷款贴息、风险补偿、融资增信、创投基金等方式，帮助适度规模经营主体拓宽融资渠道，降低融资成本。进一步完善农业保险大灾风险分散机制，有效提高对适度规模经营的风险保障水平。

3. 促进农业社会化服务组织发展

建立健全农业社会化服务体系是构建现代农业经营体系的重要方面。实践证明，通过发展农户间的联合与合作以及农业社会化服务来提高组织化和规模化水平，也是发展农业规模经营的有效实现形式，而且，农业经营规模越大，就越需要完善的社会化服务体系与之相适应。各地要采取财政扶持、信贷支持等措施，落实相关税收优惠政策，加快培育多种形式的农业经营性服务组织。采取政府购买服务等方式支持符合条件的经营性服务组织承担农业公益性服务，可以帮助农户通过购买农业社会化服务，在有限的耕地上实现现代农业技术和装备的应用，是健全农业社会化服务体系的有效手段。比如，一些地方探索通过购买社会服务方式，鼓励农机大户、农机合作社等农机服务组织开展跨区深松整地作业等社会化服务，就发挥了很好的效果。

4. 稳妥开展农户承包地有偿退出试点

对于一些在城镇长期定居、稳定就业的居民，在农村改革实验区可以探索农户承包地有偿退出，但这必须建立在坚持农村土地集体所有和农民充分自愿的基础上。同时，必须注意，现阶段不得以退出土地承包经营权作为农民进城落户的条件；要充分尊重进城落户农民是否有有偿退出的意愿。除了农户的主观意愿外，农户承包地有偿退出进程是与农村土地制度的完善程度以及农业转移人口市民化的推进程度等经济社会发展基础密切相关的，目前来看，因生活方式选择而不愿放弃农业经营的农户将长期存在，总体上尚不具备大规模推动农户有偿退出承包地的主客观条件，因此，这项改革试点必须在农村改革实验区范围内审慎稳妥开展。

此外，在发展多种形式的适度规模经营过程中，要注意处理好工商资本进入农业的问题，坚决防止出现“非农化”。近年来，一些地方出现了工商资本在农村流转土地后搞非农建设、影响耕地保护和粮食生产等问题。为此，原农业部会同中央农办等部门出台《关于加强对工商资本租赁农地监管和风险防范的意见》，明确土地流转和发展规模经营必须坚持土地公有制性质不改变、耕地红线不突破、农民利益不受损三条底线；对工商资本进入农业，主要是鼓励其根据当地资源禀赋、产业特征，重点发展资本、技术密集型产业，从事农产品加工流通和农业社会化服务，发展良种种苗繁育、高标准设施农业、规模化养殖等适合企业化经营的现代种养业；加强工商资本租赁农地规范管理，健全工商资本租赁农地风险防范机制，强化工商资本租赁农地事中事后监管，强化租赁农地的用途管制，采取坚决措施严禁耕地“非农化”。

第四章

构建现代农业生产体系

构建现代农业体系，推进农业农村现代化顺应我国经济社会发展的客观趋势，符合当今世界农业发展的一般规律，是加快社会主义现代化建设进程的重大任务。因此，必须针对目前发展现代农业面临的问题，构建和完善现代农业体系，推进我国农业农村现代化建设。

第一节　农业装备智能控制

近年来，以技术发展为核心的新一轮科技革命和产业变革扑面而来。积极拥抱技术发展大潮，加快推进科技创新在农业设备中的发展，对乡村振兴意义重大。随着农业装备智能化逐渐发展，越来越多智能化装备得以在农业中投入使用，这是一种新的趋势，也是实施创新驱动农业发展战略所必需的一种姿势。

一、我国农业装备智能控制系统发展方向

根据中共中央国务院和各部委制订的农业装备发展规划以及农业装备智能控制系统的发展现状和趋势，分析得到：我国要发展农业装备智能控

制系统，需要重点突破基于总线的农业机械分布式控制理论和方法，建立农业机械总线控制结构体系，研究发动机、传动系、转向系和作业机组工况与作业质量监控技术、农业装备自动导航技术、故障诊断技术、田间信息智能采集与自动识别技术、农田投入物变量施用技术、智能虚拟终端及其人机交互关系等，以拖拉机及其配套作业农机具、联合收割机、大型喷药机等为主要对象，研制基于总线技术的农业机械集成控制系统，重点方向如下：

（一）智能监测关键技术及仪器

农业传感器与仪器装置。研究植物生理传感器技术方法、动物行为模式识别与监测技术和多功能复合传感器技术。开发植物生理传感器、动物生理与行为监测装置、环境生态检测仪器和农机作业对象在线检测装置。

农机专用传感器与仪器。重点研究农机与制造和工程设施开放工况下的运动参数、作业参数、操控参数、故障检测、制造质量检测等的获取技术和传感器、仪器。

传感器网络与信息集成平台。研究传感器自组织网络技术，构建传感器网络与信息集成平台。研制无线网络化、智能化土壤墒情、病害识别、作物长势等系列传感器与监测装备。开发低成本的无线传感器网络系统，对农田和作物实现网络化监测监控。

（二）智能控制技术系统与设备

与作业对象有关的智能作业在线传感器技术及控制系统。研究作物冠层叶面及病害信息的在线实时获取，作物养分含量分析，果实品质检测分析，与作物生长模型匹配的水、肥、药等需求的实时分析及变量投入控制技术。研究田间杂草实时自动光谱识别方法，建立杂草与喷药量之间的数学模型，研制基于光谱实时探测的智能化施药控制装备。研究土壤水分、养分等的检测技术与仪器，构建智能在线检测系统。研究动物生理生态、疫病监控、产量与品质检测等在线检测技术，构建动物健康饲养智能监控技术体系。

与农机装备和设施本身相关的智能检测与控制技术系统与设备。基于作业对象的智能检测与决策技术，研究农机装备自动调控技术与执行。系统、故障诊断系统、自动导航与驾驶系统、作业过程参数优化与质量调控系统、水肥药种变量施用系统和总线控制技术系统等，提升农机智能化水平。开发生产环境智能化复合控制技术，研究温室植物生长多因子多目标控制技术，建立模糊控制模型，开发智能控制系统，研制网络化、智能化、嵌入式控制设备等，实现基于作物生长直接信息和间接信息相结合的精准型控制技术系统突破。

农业装备制造控制技术与装备。研究农业装备关键零部件制造在线检测与监测技术，智能调控关键零部件试验与可靠性技术，整机在线检测技术，制造过程物流调度技术，自动加工工艺规划技术，虚拟仪器接口标准技术，基于传感器信息、虚实结合的可视化单元技术，数字化设计与虚拟现实技术，研制基于计算机系统的农业装备先进制造自动生产线。

农业装备作业管理与服务控制技术与系统。农业机械装备智能调度管理控制技术与系统，研究大型农机作业装备及设施农业系统的网络化、信息化、可靠性技术，研制基于 3S（GPS、GIS 和 RS）的农业机械调度管理、健康监控、故障报警、智能诊断及远程维护、服务、培训系统，农业装备的性能、排放、安全监测技术与系统，农业装备维修质量控制、监测技术系统等。

（三）农用智能机器人

农用智能机器人是农机智能化发展的重点，也是智能化技术集成的体现，主要是用在对人体、动物具有安全性危害，人工与普通机械所不能达到的作业目标，人工所不愿意从事的作业环节等领域。目前重点发展以下产品：

果蔬嫁接、套袋、采摘和分级机器人。研究农业果蔬嫁接技术，研究果蔬成熟度近红外自动探测分级和双视觉目标定位技术，研究灵巧机械手技术、移动机器人技术以及机器人控制技术，研制园艺农业机器人，实现果蔬的自动嫁接和苹果、番茄、黄瓜、葡萄等的自动化采摘收获。

大田作物移栽机器人。研究柔性设计与仿生、模式识别与自主导航、自动取苗与投苗、直立移栽与漏栽检测等技术和专用基础作业部件，研制作物移栽机器人，提高旱田蔬菜、水田作物栽植关键环节的作业质量和效率。

施药、养殖场自动清粪作业机器人。针对高位、密闭等具有危害的农作物、果林、养殖、设施场所，依托机器视觉、自动避障、自动导航、路径规划、自动计量施药等技术，实现无人化施药和清粪作业。

二、国内主要智能化农业装备企业及产品

（一）福田雷沃国际重工股份有限公司

福田雷沃国际重工股份有限公司（简称福田雷沃重工）是一家以工程机械、农业装备、车辆、核心零部件为主体业务的大型产业装备制造企业。在产品方面，福田雷沃重工主导产品雷沃谷神联合收割机销量连续14年居行业首位，市场占有率达70%；雷沃大中型拖拉机连续10年市场占有率行业领先。福田五星三轮摩托车连续10年销量、市场占有率行业第一；以雷沃装载机、挖掘机、旋挖钻机为代表的雷沃工程机械业务高速、健康发展，市场竞争力持续攀升，成为行业内成长最快的品牌之一，高自动化水平农业装备如下：

1. 雷沃谷神GF60（4LG-6F）小麦收割机

雷沃谷神GF60（4LG-6F）小麦收割机产品特点为：采用加高、加宽清选室，清选性能好；粮箱容积大（2.5m^3），连续作业时间长，卸粮筒加长，卸粮更快捷；配备液晶组合仪表，工作元件堵塞与粮满报警系统，自动化程度高。

2. 雷沃12行精量免耕施肥播种机

雷沃12行精量免耕施肥播种机的设计专门针对大型农机合作社和农垦用户，播种精度高，质量可靠；核心播种单体采用欧洲原装进口，播种精度高，种子损伤小，同时配备驾驶室内部监控系统，可实时监控各播种单体播种情况，如遇到堵塞和漏播现象可及时反馈在监视器上，匹配180ps拖拉机，可实现卫星定位导航自动驾驶，工作效率高。进口零部件保证设

备良好的可靠性和作业精度，是高端玉米、大豆种植户的理想选择。

（二）中国机械工业集团

中国机械工业集团（以下简称国机集团）是一家多元化、国际化的综合性装备工业集团，致力于提供全球化优质服务。主营业务包括机械装备研发与制造、工程承包、贸易与服务三大主业，涉及机械、电力、冶金、农林、交通、建筑、汽车、船舶、轻工、电子、能源、环保、航空航天等国民经济重要产业领域，市场遍布全球170多个国家和地区。2011年首次进入全球机械工业500强，并在农机领域连出大手笔。除了整合中国一拖、洛阳中收、中国农机院等国内知名农机企业，其设立的国机重工中央研究院也将农机研发作为重点研究领域。这些都预示着国机集团将把农业装备作为重要的业务板块。

在综合实力和产品技术水平的代表性方面，国机集团在国内农机行业遥遥领先，主要表现在：国机集团是目前我国农机行业技术研发能力最强、综合技术水平较高的企业之一；国机集团所属农机企业行业的知名度和品牌影响力都比较高，受政府和市场的重视程度也高；国机集团是目前国内农业机械产品品种最全、产品链最长、产品技术含量较高的企业之一，高自动化水平农业装备如下：

1. 3WZG-3000A 高地隙自走式喷杆喷雾机

3WGZ-3000A 型高地隙自走式喷杆喷雾机为四轮液压驱动，地隙高（最高可达1.9m），通过性能好；轮距可调，可适用不同地区多种作物的种植行距；采用自走式结构，机动性好；采用进口控制系统，可依据前进速度的变化实时变量喷药；喷幅宽，工作效率高。广泛适用于大田作物如小麦、玉米、棉花、大豆、油菜等作物的病虫害防治或喷洒叶面肥及棉花的调节剂和脱叶剂等。

2. 3WFD-10 多旋翼农用无人机

3WFD-10 多旋翼农用无人机采用变量施药：可根据飞机速度变化，自动调节喷药量，保持单位面积喷药量不变。省时省力：卫星定位导航，自动规划航线，按航线自主飞行，大幅降低操作人员作业强度，提高工作效率。智能便捷：采用卫星定位与惯性测量系统，可实现手控飞行与全自控飞行模式，且两种模式之间可随时切换。在全自控飞行模式下可预先对喷药作业范围和作业轨迹进行规划，而后可以自动实施喷药作业且可以记录喷药断点，重新起飞或装药后，可自动回至断点处继续作业。

（三）中联重科股份有限公司

中联重科股份有限公司（简称中联重科）创立于1992年，主要从事建筑工程、能源工程、环境工程、交通工程、农业机械等基础设施建设所需重大高新技术装备的研发制造。2014年8月，公司签订以20.9亿元受让奇瑞重工18亿股股份的产权交易合同。2014年12月，以2.6亿元收购芜湖瑞通投资持有的中联重科2.3亿股股份。中联重科农业装备整体实力已进入了行业前列，位居国内第三。小麦收获机械、玉米收获机械、水稻收获机械、烘干机国内市场占有率快速跃升，拖拉机进入了行业主流品牌。在农业装备产业领域，中联重科实现管、耕、种、烘干、收等全程农业机械制造全系列产品研发，已成为国内跨度最大、产品品种齐全的农业装备企业。数据显示：中联重科拥有已授权专利434项，其中发明专利23项。中联重科2013年净利润9 066万元。

在产品方面，中联重科开发的TB70小麦收割机、PW0履带式全喂入联合收割机、AS60甘蔗收割机、SG80乘坐式高速插秧机、RN1004轮式拖拉机、LZ702履带式拖拉机等产品，适合我国国情，技术先进，引领了中国农机新潮流。

1. TB70小麦收割机

“谷王”TB70小麦收割机，外观设计采用SMC轻量化车身，全新护罩，造型美观、大气；静液压驱动系统的采用，操纵舒适，作业效率高，有效减轻驾驶员劳动强度。独创的切流加横轴流滚筒脱粒分离装置，脱粒分离能力更强；过桥和清选室的加宽，使得输送能力和清选能力加强，清选效果好。

2. RN1004轮式拖拉机

“耕王”RN1004轮式拖拉机是由中联重科北美团队和中国团队联合开

发的一款高端农机，在国内同行业首家采用动力换挡技术，速度匹配更合理，操纵更舒适，作业效率更高；液压提升装置采用力调节、位调节、力位综合调节功能，操纵更轻松。全液压转向系统，操纵灵敏舒适，整机人机工程优化设计，增强驾驶员的安全感、舒适性；动力更强劲，适宜在多种土壤环境下工作。

三、关键技术

（一）农业装备自动导航

自动导航是现代智能化农业装备的一个重要组成部分，有着广阔的发展前景。在自动喷洒农药肥料、收割作业、中耕除草、插秧耕作等许多方面有着广泛的用途。农业装备的自动导航的实现将使驾驶员从繁重的工作中解放出来，减少疲劳，提高生产效率和操纵安全性，对我国农业装备的智能化、农业生产精细化发展有着重大促进作用。

1. 导航定位技术

（1）机器视觉导航。机器视觉是指通过安装在车辆上的图像传感器测量行间作物的位置和方位信息。自从机器视觉导航用于探测作物特征后，其主要目标是实现如耕作、施肥、喷药和收割等自动化田间细节工作。它的主要优点是开发成本与高精度卫星定位系统相比较低，缺点是受杂草密度、光线影响较大。

（2）卫星定位导航。卫星定位系统可以全天候、高精度、快速对卫星进行导航、定位，它由 21 颗工作卫星和 3 颗备份星组成。卫星定位系统的定位原理是每颗卫星都连续向地面发射一定频率的电信号，这能保证装有卫星定位系统的车辆无论在地球的任何位置，都可以同时接收到 4 颗以上的卫星发射过来的信号，由星载时钟记录的时间可以得到卫星的位置，再根据接收到的卫星信号得到卫星和用户间的相对位置，通过最小二乘法就可以得到车辆的绝对位置坐标。卫星定位主要分为两类，DGPS 和 RTK-GPS，其中 DGPS 能达到亚米级的精度，RTK-GPS 可以达到厘米级的精度，在应用时，可根据实际需要选择合适的卫星定位系统。在移动导航中，卫星定位精度受到卫星信号状况和道路环境的影响，如温室大棚、树冠对信号的阻挡，同时还受到时钟误差、传播误差、接收机噪声等诸多因素的影响。所以在农业机械导航中通常还辅以磁罗盘、FOG（光纤陀螺仪）等传感器，或者与其他导航方式相结合来提高定位精度。卫星定位导航的另一个不足是卫星定位导航系统的成本较高，使得其在农业工程中的应用受到一定限制。

（3）航位推算导航。航位推算是在知道当前时刻位置的条件下，通过测量移动的距离和方位，推算下一时刻位置的方法。航位推算传感器价格低廉、使用可靠，适用于短距离导航。航位推算传感器一般是基于积分运算来工作的，若长时间工作容易造成累积误差，所以一般和其他类型传感器组合导航。

（4）惯性导航系统。惯性传感器用于测量车辆的惯性状态，它主要的优点是工作时不依赖于外界信息，也不向外界辐射能量，因此，可以工作在极为恶劣的环境下。最常用的惯性元件有陀螺仪和加速度计。惯性导航是一种自主式导航系统，它的工作原理是：已知一个点的位置，再根据连续得到的物体的航向角和速度值，去推算出下一点的位置，可以连续的测量出运动体的当前位置。这种导航方式的优点在于：隐蔽性好而且不受外界电磁场的干扰；它产生的导航信息连续性好，而且噪声也低；它的数据更新率高，短期的导航精度比较好。但是由于它的导航信息是经过积分得到的，所以存在累积误差，长期的精度低。所以这种导航方式很少单独使用，它一般配合其他的导航方式一起使用，则可以达到很好的精度。

（5）激光导航。激光传感器能精确测试被激光束反射的物体位置，在自动导航中，用光束以平面角或立体角扫描，通过对反射光束的测量计算角度和距离。激光扫描仪发射激光束对田边的固定标志点按一定频率进行扫描。这种低频信号使用了卡尔曼滤波器，能有效控制离散的噪声信号，便于线性定位，还能把距离数据转换为三维图像替代视觉导航。除了用光束发出和返回的时间测试距离，还可用激光信号的振幅轴向移动调整数据计算距离。此方法在测试距离和分辨率上有很大提高，但价格昂贵，对灰尘、雨雪的敏感性也很高，影响对田间位置的测量。

（6）电磁诱导导航。是指机器人以铺设在作业路径上的感应电缆为引导线，在无人干涉的情况下，沿着引导线自动行走的一种导航方式。其工作原理是：在地下或高空中沿着作业路径铺设感应电缆，并通以高频交变信号电流，机器人通过电磁感应传感器，感测电磁信号，其接收到的电磁信号强弱可以反映机器人偏离引导线的程度，机器人根据这种变化来调节行走路线，实现自动导航。电磁诱导导航，不必进行复杂的数据运算，容易实现，导航精度高，但是需要提前铺设电缆，且在大型农田中应用的成本太大，所以比较适合小范围内田间操作的应用。

（7）机器触觉导航。机器触觉是一种相对位置传感器，它可以提供车辆与接触物之间的相对位置关系，通过对相对位置变化进行检测，实现自动导航。

（8）其他传感器导航。另外，还有超声传感器、无线电传感器、红外传感器、倾角计（倾角罗盘、倾斜计）、地磁传感器等可用于农业机械的自动导航。

（9）多传感器融合导航。多传感器融合技术是指利用多个传感器共同工作，得到描述同一环境特征的冗余或互补信息，再运用一定的算法进行分析、综合和平衡，最后取得环境特征较为准确可靠的描述信息。综合分析各种导航传感器的特性，将不同种类的传感器相融合是农业车辆导航的发展研究趋势。

（10）无传感器导航。无传感器导航能够充分利用地理环境对车辆实现自动导航。日本爱媛大学研制了一种不用传感器导航的自校正运输车，该运输车可以在两条相距一定距离的地面中间直线行走。这种导航方式不用传感器，利用机械装置实现方向的自动调节，但是，却需要专门的地垄作为轨道，灵活性差。荷兰农业环境工程研究所研制了一种温室黄瓜收获机器人，同样不用传感器导航，而是以温室内的加热管道作为轨道，合理地利用了周围的环境条件。该机器人能以 0.8m/s 的速度在两条平行的加热管道上自由行驶。

2. 导航控制技术

对于车辆导航控制的研究，则主要集中在导航控制器的设计上。控制器是将路径偏差信号转变为车辆操作机构动作的中间环节。目前，农业机械导航控制器设计所使用的方法主要包括：基于PID控制的方法、基于动力学模型的控制方法、基于运动学模型的控制方法、基于模糊控制的方法、基于神经网络控制的方法等。PID控制算法是工程界中最常用的控制算法，由于其算法简单、鲁棒性好、可靠性高，被广泛应用于过程控制和运动控制。基于动力学的控制方法，充分考虑车辆的动力学性能，将车辆的转向受力、转向负载、质量等考虑在内，建立车辆动力学模型，而基于运动学模型的控制方法，可以不考虑车辆在运动中的受力和侧滑等复杂问题，用简单的运动学模型描述车辆的运动状况。神经网络控制和模糊控制能模拟人的智能行为，不需要精确的数学模型，能够解决许多不确定的、非线性的自动化问题，因此被引入到车辆自动导航控制中来。

3. 转向控制技术

车辆方向的改变是通过转向机构来实现的，目前主要采用电机和液压机构两种方式对车辆转向进行控制。用直流电机来控制车辆转向，可以很好满足车辆控制的实时性和准确性要求；现代农业车辆大多数都采用液压操作系统，将原有液压系统进行改造，引入到车辆转向机构中来，也可以实现对车辆转向的自动控制。

（二）土壤信息采集和分析

1. 土壤水分信息采集与分析

（1）烘干称重法。这是目前国际上的标准方法，亦是用以鉴别其他含水量测定方法准确度大小的标准方法。其操作过程是直接测量土壤在105℃下烘干前后的重量，以所失去水重占烘干重的比数表示。这种方法的优点是：操作简单方便；对设备要求不高；测定结果精度较高，误差较小。其缺点是：费时费力，取样时破坏土壤；深层取样困难；因取样换位、破坏土壤，给定点测量带来误差，在很多情况下不可能长期定点、原位监测，无法实现在线快速测量；受土壤空间变异性影响较大，测定水分含量的结果代表性范围较窄。

（2）张力计法。张力计法是被广泛应用的一种直接测定水分的方法，它是以其瓷杯与土壤紧密接触，瓷杯内的水势与土壤中的水势达到平衡后，通过与瓷杯相连的真空表或水银柱读出土壤基质势。这种方法的优点是：结构及原理较简单；制造价格低；可以测定土壤中张力变化的瞬差值；可以在线、实时、连续测定土壤水分动态；受土壤空间变异性的影响较小。其缺点是：它的测定范围很大程度上受土壤性质的影响；测的是土壤水吸力，需要依据土壤水分特征曲线来换算成土壤含水量，而土壤水分特征曲线受土壤特性影响大，且有滞后现象，因而既不方便，也欠准确。

（3）电阻块法。电阻块由多孔渗水介质（如石膏、尼龙、玻璃纤维）组成，多为石膏块。将里面嵌有电极的电阻块放入土壤中，当电阻块中的水势与土壤水势平衡后，测量电阻块的电阻，其电阻大小与含水量相关，借此求出土壤水分含量。这种方法的优点是：成本较低，可以做许多重复；电阻块放入土壤中后可不破坏土壤而留在田间连续自动监测，也可做成手持式的。其缺点是：有滞后作用，测量范围一般只能到100kPa，干的电阻块可能与土壤接触不好，灵敏度也非常低；且受引起土壤电学变化的其他因素的影响，使结果出现误差；只适合于非盐碱土水分的测定；当使用直流电时，极化作用会引起电阻块退化速度加快，石膏溶解于土壤水中，土壤含水量越高，电阻块寿命越短；电阻块法受土性影响，需要标定，而且标定结果会随时间发生变化。

（4）中子散射法。此法是利用中子源辐射的高速运动的快中子与其周围的物质作用，使快中子改变方向和产生能量损失，变成慢中子，在土壤中因其水中含有氢原子，而中子对氢原子作用的能量损失远大于土壤中其他原子作用的损失，这样，可以通过测定慢中子数量来测定土壤含水量。这种方法的优点是：测量结果准确，测量较简单、容易，速度也很快；其套管安装后不破坏土壤，能长期定位测定，可达根区土壤任何深度。缺点是如果屏蔽不好，易造成射线泄漏，污染环境，危害人体健康。此法在发达国家已被禁止使用。

（5）γ射线法。γ射线法是利用放射源137Cs放射出γ射线，使其透过土体，用探头接收γ射线透过土体后的能量，以其与土壤水分含量的关系换算得到土壤含水量。这种方法的优点是：快速准确；不破坏土壤；能定点连续监测。其缺点是：存在潜在的辐射危险。

（6）时域反射仪法。时域反射仪法是依据电磁波在土壤介质中传播时，其传导的电磁波信号经传输线一端返到 TDR 接收器，分析传导速度和振幅变化，根据速度与介电常数的关系，介电常数与体积含水量之间的关系，而得到土壤含水量。这种方法的优点是：测量速度快，可以实时、定位、连续、自动测量；可以做成便携式用于测量，也可与计算机相连，自动完成单个或成批监测点的测量；在测量精度要求较低时，一般不需标定，但误差要求很小时，要求进行标定或校正；导波棒可以单独留在土壤中好几年，需要时再连上 TDR 进行测定；导波棒可做成不同形状以适应不同需要；测量范围广；操作简便。其缺点是 TDR 仪电路复杂，成本较高，价格昂贵；测定时受土性影响大，不能测量表土 10cm 以内的含水量，检测探头的埋设及维修费时费力，且因破坏土层结构而影响测量精度。

（7）频率反射仪法。频率反射仪法是根据电磁波在介质中的传播频率来测量土壤的表观介电常数（ε），从而得到土壤体积含水量的一种方法。频率反射仪法的优点是：简便安全，快速准确；可以实时、定位、连续、自动测量；测量范围宽，可以少标定等；频率反射仪法可一次性安装监测土壤水分，直观各层数据；它的各层传感器可以在探测杆上调节位置，并可以增减传感器数量，根据需要测定不同深度土壤水分值；探测中某层出现问题，可拔出探测杆更换。其缺点是：频率反射仪法的读数强烈地受到土性的影响；探头—套管—土壤接触不好，则严重影响测定结果；与纯粹的时域反射仪波形分析相比，频率反射仪法缺少控制和一些详细信息。

（8）遥感法。遥感法是种接触式、大面积、多时相的土壤水分监测方法。遥感法监测土壤水分所涉及的波段很宽，从可见光、近红外、热红外到微波都有学者进行过研究。遥感法监测土壤水分，就是利用地表反射太阳辐射或本身发射的远红外、微波辐射的信息反演推算土壤水分含量。

2. 土壤养分信息采集与分析

土壤各种营养元素中，氮、磷、钾是作物需求量较大和收获时带走量较多的元素，需要通过施肥来补给。大面积快速获取土壤养分含量信息，根据土壤养分的丰缺合理施肥，对于我国农业可持续发展具有重要意义。

在土壤养分的快速测量方面，目前国外研究主要采用的测量仪器有 3 类。

（1）基于光电比色等传统养分检测技术。此基于光电比色等传统养分速测技术基础上的便携式土壤养分速测仪，难以满足田间快速测量的要求。

（2）基于近红外的土壤养分检测技术。基于近红外技术，通过土壤或叶面反射光谱特性直接或间接进行农田肥力水平快速评估的仪器。

（3）基于离子选择场效应晶体管集成元件的土壤养分检测技术，基于离子选择场效应晶体管集成元件的土壤主要矿物元素含量测量仪器。在土壤水分传感领域，国外可用的传感器的种类很多，主要包括基于时域反射仪原理的测量方法、基于中子法技术的测量方法、基于土壤水分张力的测量方法和基于电磁波原理的测量方法。部分技术较为成熟，已有商业化产品，当前主要问题是降低生产成本。土壤电导率也是土壤的一项重要指标，它能不同程度地反映土壤中的盐分、水分、有机质含量、土壤质地结构和孔隙率等参数的大小。

3. 土壤 pH（酸碱度）信息采集与分析

土壤酸碱度是土壤许多化学性质特别是基岩状况的综合反映，也是土壤肥力的一项重要指标。土壤的酸碱度不同，其供肥和植物的生长发育状况会有差异；同时土壤 pH 还严重影响土壤养分的有效性。pH 大小直接反映了土壤基材中氢离子的多少，直接表征土壤的酸碱度。

土壤 pH 测定的方法大致可分为电位法和比色法两大类，随着分析仪器的进展，土壤实验室基本上都采用了电位法，电位法有准确、快速、方便等优点。在 ASI 方法中采用了电位法，其基本原理是：用 pH 计测定土壤悬浊液的 pH 时，由于玻璃电极内外溶液 H+离子活度的不同产生电位差。还可以采用比色法来测量：取土壤少许（约黄豆大），弄碎后放在白瓷盘中，滴入土壤混合指示剂数滴，到土壤全部湿润，并有少量剩余。震荡瓷盘，使指示剂与土壤充分作用，静置 1 分钟，和标准比色卡比色，即得出土壤的酸碱度。

（三）作物信息采集和分析

作物病害信息采集与分析。国内外在作物病害检测方面的传统技术主要包括光学显微镜技术、透射电子显微镜技术、生物测定技术、血清学技术、多聚醇链式反应技术、核酸序列分析技术、指纹图谱分析技术、分子标记技术及生物电子技术等。现代化的检测技术有：基于遥感技术、图像处理技术和农业专家系统的作物病害胁迫检测方法。

作物虫害信息采集与分析。传统的作物虫害信息采集与分析方法有人工检测法。人工检测通常采用盘拍、诱集等方法，利用人工感官在现场检查害虫，借助放大镜、显微镜等工具或直接用肉眼判别害虫的种类，并统计数量。该方法是一种最直观、简便、但很粗放的方法，调查工作量大，单次检测覆盖面积小，效率较低，调查成本高。为了克服传统人工检测方法的不足，人们开展了虫害机器检测和监测技术研究，目前在声音特征检测法、雷达观测法、图像识别法以及光谱监测法等方面取得了较明显的进展。

作物杂草信息采集与分析。杂草识别通常采用基于机器视觉的方法来采集和处理图像。利用颜色特征可以区分植物和土壤，但是难以区分杂草和作物。近年来，形态特征、光谱特征和纹理特征等也被用来识别杂草。另外，模式识别等方法也被应用于杂草识别研究。目前，基于杂草特征的识别方法有：利用形态特征识别杂草、利用颜色特征识别杂草、利用光谱特征识别杂草、利用纹理特征识别杂草、模式识别杂草等技术。

（四）农产品分级分选

1. 机器视觉

（1）颜色、大小分级。颜色和大小是最基本的分级指标，基于颜色和大小的自动化检测方法已比较成熟，几乎所有的分级装备都具有颜色和大小的分级功能。对于水果的颜色分级，在较多的颜色空间模型中，RGB 和 HIS 模型是使用最为广泛的两种。目前，国外基本实现了水果颜色的自动分级，但国内由于没有解决颜色快速准确的分级算法，在线检测技术尚不成熟。对水果进行大小分级有很多研究，这些研究都在静态下进行，获得较好的分类效果。动态条件下，水果图像位置随机，与位置有关的参数在动态条件下很难确定。

（2）表面缺陷分级。水果表面缺陷和损伤的自动检测是水果机器视觉分级中的一个研究重点、难点。表面缺陷包括腐烂、虫咬、压伤、伤痕等，大多是提出某种图像处理的方法。尽管有些方法已取得了比较好的效果，但是成本提高，实时性也会受到影响。有少数提出水果分级检测从特征提取、对象表达到对象划分的整体模型。

（3）形状分级。对于形状分级，通常采用基本形状特征、矩特征、边界描述算子等进行描述。

（4）纹理分级。表面纹理特征是衡量水果外部品质的重要指标，可以反映果实成熟度和内部品质，纹理鲜明的果质高于不鲜明的果质。纹理分析方法分为统计方法和结构方法。纹理识别方法很多，根据纹理特征提取方法不同，有基于灰度共生矩阵、基于马尔可夫随机场模型特征和小波变换等多种方法；根据采用的分类器不同，主要有神经网络、贝尔斯分类等纹理识别方法。

2. 光谱

光谱成像技术可以对检测物体进行定性和定量、定位分析。根据传感器的光谱分辨率可分成多光谱、高光谱、超光谱 3 类。高光谱成像技术可同时获取空间以及光谱信息，其图像数据反映了水果的外部特征、表面缺陷等，光谱数据可对物体内部物理结构及化学成分进行分析。因此，近几年利用高光谱进行表面缺陷的检测分级成为研究热点。

3. 核磁共振（NMR）

运用 NMR 技术对鳄梨成熟度实现实时分级。通过一个单脉冲的 NMR 获得质子的自由衰减，在对其作 Fourier 变换的基础上，可以得到 NMR 频谱，这个频谱有两个谐振峰值，两个峰值相互重叠，一个与水的质子相关联，一个与烃的质子相关联，谐振峰参数输入到 Lorentzian 函数，即可综合衡量成熟度。当传输带的速度为 25cm/s，水果相互间隔 20cm，检测速度为 1. 25 个/s，可实现鳄梨的实时检测。

4. 激光技术

激光诱发荧光谱技术用于检测中色素，从而得到水果质量的变化情况。通过研究 LIFS 测量中的影响因素，这项无损检测技术发展成为一种荧光谱测量方法，用于检测水果的质量。根据水果色素的荧光谱不同，可以用红色荧光检测出水果的叶绿素，用蓝绿色荧光检测出胡萝卜素，检测的波长分别为 402nm、430nm 和 458nm。

5. X 射线技术

在梨收获后的贮存期间，大量梨贮存在一起，空气流通不好，会导致二氧化碳浓度的增高及氧浓度的降低，从而导致梨的损坏。运用 X 射线 CT 图像及磁共振图像区分梨的未损坏的组织、褐色组织和洞穴，以在空气质量不好的情况下储存 10 个月后的梨为例，通过 X 射线断层扫描及磁共振图像与切片梨的实际情况比较，能够发现图像能明显区分未损坏的组织、褐色组织和洞穴。

6. 热红外图像检测

热红外图像是一种非接触、非破坏红外传感技术，通过检测物体辐射散发的红外线做出温谱图。在水果升温过程中，运用热成像技术，利用水果的受伤部位与无伤部位对热的扩散率不同，可以将有瘀伤的苹果有效地检测出来。将苹果从 0. 46m 的高度落到平滑的水泥地面上，使苹果受伤，再将苹果在 26 ℃，相对湿度为 50%的状态下保持 48 小时，使瘀伤组织扩展。然后对水果进行不同温度的加热、冷却处理，并在此过程中对其拍摄热成像图，30~180s 后，将热成像图中有瘀伤组织同未受伤组织比较，至少有 1~2 处不同。该技术可为有瘀伤组织自动分级提供基础。

7. 超声波信号

水果的储存时间也能从一定程度上反映水果的质量。可以运用超声波信号检测苹果的储存时间。水果有非线性的黏弹性特性，因此，当超声波信号经过水果表面后，信号会削弱，且频率会改变。但用典型的超声波参数如波速、波的衰减及波的频谱很难评价水果的内部质量。将离散小波变换应用到超声波检测苹果上，结果显示第一个峰值频率与苹果的储存时间有很好的相关性。

第二节　农业生产社会化服务体系

农业生产社会化服务是辅助农业现代化发展的，是农业现代化的内涵之一，为农业在产前、产中、产后的各个过程提供服务。而农业生产社会化服务体系越发达，该国的农业现代化程度越高、产业化实力越强。了解农业生产社会化服务，分析农业生产社会化服务现状，对于提高农业生产绩效，促进农业现代化的发展有重要作用。

一、农业生产社会化服务概述

（一）农业社会化服务

归纳起来，农业社会化服务体系是为农业生产提供社会化服务的成套的组织机构和方法制度的总称，具有服务性质社会化、服务主体多元化和服务内容系统化的特征。农业社会化服务是指与农业相关的社会经济组织，为满足农业生产的需要，为农业生产的经营主体提供的各种服务。农业社会化服务是伴随农业生产由分散的、孤立的、自给自足的小生产方式转变成分工细密、协作广泛的商品化社会生产而产生的，是农业产业化发展和统筹城乡一体化发展的客观要求。农业社会化服务是运用社会各方面的力量，使经营规模相对较小的农业生产单位，适应市场经济体制的要求，克服自身规模较小的弊端，获得大规模生产效益的一种社会化的农业经济组织形式。

（二）农业生产社会化服务

农业生产社会化是指农业由孤立的、封闭的自给性生产的农业，转变为分工细密、协作广泛、开放型的社会生产的农业的过程，实现了这一转变的农业叫作社会化生产的农业。

1. 基本内容

（1）为了保持流通渠道的畅通、提高农产品的商品率而建立的加工、储藏、包装、运输和销售服务系统，以及市场信息服务。

（2）为了保持生产资料的一定规模和水平而建立的水利、机耕服务和农业物资供应服务。

（3）为了加强农业劳动协作能力而建立的生产合作组织。

（4）为了提高农业生产技术水平而建立的农业技术推广服务。

（5）为了提高农业劳动力素质而建立的技术、信息培训服务。

2. 主要表现

（1）农业企业分工专业化。农业企业之间分工日益精细，每个企业的生产项目由多到少、由分散向集中。

（2）农业企业规模扩大。在粗放经营条件下，一般表现为耕地（或农业用地）扩大，劳动力增加，简单协作明显；在集约经营条件下，一般表现为资金增加、技术密集、劳动力减少、分工精细，二者均表现为企业商品产值的增加。

（3）农业生产过程专业化。农业生产总过程由一个企业单独完成，转变为由若干专门从事某一环节或某一阶段经济活动的企业共同完成，从而出现了农业前、农业中、农业后部门，出现了分布在这些部门中的社会服务组织。

（4）农工商一体化。农业生产总过程由农业部门单独完成，转变为必须依赖 IT 业、交通运输业、商业等部门与之密切配合来完成，从而出现农工商在组织上紧密结合的趋势。

（5）农业生产区域化。农业在地区间的分工、协作日益成熟。每个地区凭借自己的优势，形成了自己的专业方向和各具特色的生产结构。

（6）农业商品化。农业由自然经济、半自然经济向商品经济转化。通过商品生产与商品交换，实现各企业、各地区、各部门之间的分工协作。上述这些转变，使农业生产的目的由满足生产者本身的需要变为满足社会的需要，使农业生产本身从个人行动变为社会行动，使农产品从个人的生产成果变为许多人、许多企业共同完成的社会成果，使农业中的生产资料由个人提供变为由整个社会提供，从而使农业生产日益具有社会性。

3. 农业生产社会化服务优势

（1）是解决“三农”问题的首要基础。

随着我国工业化和城镇化的加快推进，农村青壮年劳动力不断向城市转移，农村老龄化、空心化问题日益突出，谁来种地、如何解决温饱问题，所以要发展农业生产社会化服务体系，通过建立专业化、统一化生产服务代替一家一户个体劳动，提高农业生产各环节运作效率，降低耕种成本。

（2）是提高农业现代化水平的迫切需要。

近年来，农业产业结构不断调整以及产业组织形式不断创新，使发展农业的要素成本和要素使用的机会成本不断上升，需要通过发展农业生产社会化服务体系，利用分工协作优势，发展规模经营、集约经营，引导分散生产向专业化、区域化、标准化方向发展。

（3）是巩固和完善农村经营模式发展的内在。

当前，农业生产社会化服务处于初级阶段，在将来的一段时期内，一家一户的生产经营仍然是我国农业生产的主要模式。发展农业生产社会化服务体系，是由各类社会服务组织对农民土地实行代耕、代种、代管、代收的统一生产，实现农业生产规模化、组织化。农业生产社会化服务的普及和推广，对探索由土地规模化向服务规模化的新型农业经营道路转变有重要意义。

二、农业生产社会化服务现状

发展农业生产社会化服务就是运用组织形式解决生产力发展的问题，其是实现农业现代化的基础力量。以家庭联产承包经营为基础、统分结合的双层经营体制，在一定时期内促进了农业生产社会化服务的发展。但随着农村改革的深入和市场经济的发展，“统”的功能在不断弱化，“分”的功能却在不断加强，个体农户越来越难以适应市场经济的发展要求，因此，经常由于无法抵御市场风险而蒙受损失，加剧了小农户与大市场之间的矛盾，传统的农业发展方式亟须转变。

发展现代农业，就必须建立健全农业生产社会化服务。到目前为止，我国已经初步形成了一个贯穿产业链条、多主体参与的农业生产社会化服务，但仍然存在服务成本高、服务水平较低、交易风险大等问题，这与农村经济繁荣和农业现代化对农业服务的需求相比仍有很大差距，“服务农户”的效果远没有真正实现。

那么，从何种角度去认识农业生产社会化服务的结构和构成，其内部各部分间的关系如何，各自发挥着何种功能，如何对现有的农业生产社会化服务进行改进以发挥其整体功能，这些都是迫切需要解决的问题。

（一）农户劳动力特征

当前我国农业劳动者素质及新型农民培训机构不能满足农业现代化需要，具体体现在如下几方面：

第一，我国农村劳动力文化水平低，以中小学水平为主，与发达国家相比差距较大。第二，农业劳动力老龄化、弱质化严重，造成农村的空心化、农村社会劳动能力退化，使当前农业劳动力素质呈结构性下降。第三，现代农业是现代科技的集约，具有现代产业组织特征的农业，要求从业者具有较高的文化素养和技术水平；现代农业进步与农业产业化、规模经营、激烈市场竞争相联系，要求农民学会经营和管理，具备市场经济意识。第四，我国目前的农民培训体制机制不能够满足新型农民培育的需要。一是培训内容不能满足现代农业的科技化、产业化、规模化及市场化的需求；二是部分培训机构或缺乏实践经验，或知识结构老化；三是政府各部门被动地、应付式地实施新型农民培育工程，效率有待提高，培训监督机制缺乏。

（二）农户生产经营情况

第一，在家庭经营规模较小，农业劳动力又呈现三化（低质化、老龄化、空心化）趋势的背景下，农民专业合作社、农业龙头企业、家庭农场等新型的农业经营主体不断涌现，对农业生产社会化服务提出了更高的要求。第二，在农业市场化不断深入的背景下，具有公共产品性质的农业生产服务供给既存在市场失灵问题，又存在政府失灵问题，建立适应农业新阶段特征的新型农业生产社会化服务体系迫在眉睫。第三，农业发展方式的转变和农村基本经营制度的完善必然要求一个覆盖全程、形式多样、综合配套、便捷高效的生产社会化服务体系来支撑。

（三）农业生产过程

自20世纪80年代初在农村开始大力推行以家庭联产承包为基础、统分结合的双层经营体制，极大地促进了农业生产的发展，但是随着市场经济的快速发展和乡镇机构改革的不断深入，“小而全”的传统农业生产方式已经不能适应时代发展需求，个体小农与大市场的连接方面有较大困难。将生产环节和经营项目分离出来，由相关部门、政府、村集体、企业、农村合作社等组织来承担，实现资源要素的合理配置，稳定家庭承包经营制度，能够充分满足农户对产前、产中、产后服务的迫切需求，更好地获得生产资料、金融信贷、技术指导、市场信息，以及农产品储存、运输、加工及销售等服务，还能有效提高农民生产经营的组织化程度，促进农业专业分工，解决农民转移就业问题，推动农业和农村经济的发展。

长期以来，由于农户仅参与农业生产环节，而未涉足农资供应、收割、加工、销售、运输等利润较高的产前与产后环节，这种生产体制的分割导致其他产业从农业获利较多，而主要从事农业生产的农民收益较少。

根据原农业部公布的数据，发达国家的农产品加工业产值与农业产值之比大都是2.0：1~3.7：1，而我国只有1.1：1；发达国家的食品工业产值是农业产值的1.5~2倍，而我国还不及1/3；发达国家的农产品深加工率在85%以上，而我国仅为50%左右；发达国家农产品加工量占全部农产品的比重达80%，而我国只占20%；发达国家每1亿元农产品加工处理的附加值为2~4倍，我国只有0.38倍。

随着农业分工的演进，农业生产已经被划分为许多细小的运行单元，各农业生产社会化服务主体在农业产前、产中及产后的服务上与农户经营有机结合，促进了农业生产效率的提高。农业生产社会化服务体系所包括的服务内容是系统的、全面的，覆盖了农业生产经营的全过程，包括种子、化肥、农机等生产物资的供应，良种推广、动植物疫病防疫等技术服务，农户资金借贷、农业生产保险等金融服务，农业气象、农产品价格、政策等方面的信息服务，农产品的包装、储运、加工及销售，道路、水利等基础设施建设，农产品质量安全、监管等。

（四）农业基础设施建设服务

第一，资金投入不足。虽然国家和地方政府每年投资到农业基础设施建设上的资金不少，但相对于农业经济发展对基础设施的要求来说是远远不够的。第二，基础设施保障能力下降。大部分农业基础设施年久失修，功能老化，配套不全，许多河道淤积，防洪排涝能力减弱，保障能力明显下降。第三，农业基础设施建设落后于经济发展水平。由于对农村基础设施的性质和作用认识不清，没有明确的目标要求，缺乏统一科学的规划及强有力的措施保证，没有在经济发展的同时，保持农业基础设施建设的同步发展，农业基础设施建设远远落后于经济发展水平，不仅在存量上与新时期农业的发展不相适应，而且在增量上也不能满足新时期农业发展的要求。

（五）农业销售服务

第一，农产品生产规模小、数量少，严重制约着农产品的销售和营销策略的制定。第二，没有良好的种植计划，造成部分地区供过于求，使农产品销售价格下降，给农民带来巨大的经济损失。第三，销售渠道单一，以初级产品为主；缺少深加工产品，大部分农产品的销售渠道主要是：农户自己到集市零售，农民把农产品卖给收购的商贩。初级产品缺少相应的技术含量，销售价格低。第四，销售信息流通性、公开性差，农户与消费者之间的需求供给信息交互性不完善。农户种植农作物通常是根据习惯性经验或周边地区农户种植情况，农民缺少对市场的了解。同时，销售信息的不流通性导致消费者有需求但找不到购买的渠道，严重制约了农产品的销售。

（六）金融、信息、技术服务

农业生产社会化服务体系影响因素主要有农户资金收集、产业链持续发展、农业技术、农业信息、信息来源渠道等。学者们提出农业本身特点和农业现实的经济与环境是农户对农业技术采用的主要影响因素。但信息技术不易获取、采用的风险和农户所付出的代价、有无替代品及其他不利条件等，使农户对技术需求不足和技术进步停滞。农业金融服务体系的不健全和体制改革滞后，成为农村经济全面、协调、可持续性发展的羁绊。支农服务体系不健全、农村信用社包袱沉重、金融服务手段单一、农业保险发展滞后、农村资金外流严重等现象依然严峻。我国农业技术服务及技术推广存在很大的问题。长期以来，我国每年产生的农业科技成果，单就数量而言的确不少，但仔细分析成果内涵，适宜推广的实用技术成果却相对较少。农业科技用户的需求欲望高、有效需求力低，政府推广农业技术效率不高、与市场相适应的推广体系不健全、电子化农业推广渠道不完善等问题依然严峻。

第三节　现代农业体系建设与创新实践

在当前新型城镇化、工业化、信息化和农业现代化协同发展的背景下，我国农业发展到了需要从传统农业向现代农业转型跨越，农业生产经营方式需要由传统小农生产向社会化大生产加快转变，工农、城乡关系需要深度调整和互动融合，农村居民收入需要大幅提升以缩小城乡收入差距的新阶段。在农业发展新阶段下，对农业生产社会化服务体系的创新已成为发展现代农业的必然要求，农业生产社会化服务体系如何创新也成为亟待解决的重要问题。

一、现代农业生产社会化服务体系构架

（一）组织构成

1. 公共服务机构

公共服务机构是提供农业生产社会化服务最主要的支柱力量，主要是

指国家各级涉农职能部门、官办集体服务组织和科研教育事业单位，其运行需要依靠国家财政支持，提供的服务具有福利性和公益性。政府涉农行政部门主要包括农业局、林业局、科技局、畜牧局；乡镇级派出机构包括农机站、水利站、农技站、城建站、林业站等，为农民的生产和生活提供各种服务；官办合作组织主要是指供销社和信用社；村级集体组织则主要在农资购买、耕种、防病治虫、栽培管理技术等方面提供服务。政府公共服务机构本身不以营利为目的，服务多数应是无偿或低偿的。科研教育事业单位主要以农业院校和农业科研机构为主，为农业生产提供技术指导和咨询、农技推广、人才培养与教育等服务。公共服务机构是公益性服务的主导供给者，在农业生产社会化服务体系中处于支柱地位。

2. 龙头企业

龙头企业是农业生产社会化服务体系中的骨干力量，是指在市场经济条件下，以营利为目的，从事农产品生产、收购、加工和销售一体化经营，规模和营业指标达到标准并经政府有关部门认定的企业。龙头企业是农业产业化经营的开拓者，实现农产品的再升值。同时，按照市场规律运行，遵循等价交换原则，龙头企业通过一系列的利益联结机制与农户合作，带动农户发展，并提供商业性的生产社会化服务。随着龙头企业的发展，农业产业化模式出现了“农户+龙头企业”和“农户+合作社+龙头企业”两种模式。“农户+龙头企业”模式是龙头企业和农户签订合同，龙头企业需要按照合同对农户依照合同要求生产的农产品进行收购、加工和销售，并为农户生产提供相应的服务。“农户+合作社+龙头企业”模式的特点是合作社充当了交易的中介，由合作社代表分散的农户与龙头企业签约，这种模式增强了交易关系的稳定性，提高了农户的市场地位，并有效地降低了交易成本。龙头企业是经营性服务的主要供给者，在农业生产社会化服务体系中发挥着带动作用。

3. 农业合作经济组织

农业合作经济组织是农业生产社会化服务体系中的基础力量，是指按照“民办、民管、民受益”的原则，农户自愿入股联合，解决农业生产问题，为农户提供服务和利益的一种合作经济组织。农业合作经济组织贴近农户生活，了解农户的需求，可以将农户有效地组织起来，其所提供的服务也较为灵活实用。农业合作经济组织主要涉及农资供应、技术指导、劳作服务、储藏运输和加工销售等综合性服务，提高了农产品的竞争力，降低了生产和交易成本。农业合作经济组织与农户息息相关，是市场经济发展和农村经营体制创新的产物，提高了农业规模化程度，既保持了农户独立经营，又避免了农户单独经营的局限性，是农业生产社会化服务体系的基础。

4. 其他社会服务组织

农业生产社会化服务体系的供给主体除了公共服务机构、龙头企业和农业合作经济组织外，还有其他社会服务组织力量。社会服务组织是在区域范围内自发形成的不同类型的服务组织，具有民间性和自治性。社会服务组织与公共服务机构、龙头企业和农业合作经济组织相比，制度正规性和组织水平较低，受到的行政权力和企业资本的干预较少，包括服务联合体、研究会、农民技术协会、农民经纪人、农机租赁组织等。这些组织或个人可以直接和间接地加入农业生产社会化服务体系中，是农业生产社会化服务体系的补充性力量。

（二）供给主体的功能

农业生产社会化服务体系中的四个不同的供给主体在形成原因、所有制结构、分配形式、利益机制等方面不尽相同，在利益目标分类上，存在着公共服务机构和其他社会服务组织的非营利、龙头企业的营利以及农业合作经济组织的半营利的差别，进而导致各类供给主体的功能也不相同。

1. 公共服务机构的功能

公共服务机构作为非营利性服务组织，是公益性服务资源的供给主体，国家制定相关的政策以及政策具体的实施都是以这些机构为依托，近年来，随着国家财税改革的深化，部分地方政府的农村集体服务由于资金不足出现了供给断链的现象，导致服务功能异化。因此，政府公共服务机构的主要功能在于：投入和配置合理的基础设施和服务资源，建立有利于农业生产社会化服务运行的体制环境，鼓励市场和社会力量加入农业生产社会化服务体系，并对体系内的供给主体进行监督和管理，确保农业生产社会化服务最大限度地满足农业生产的发展。同时，科研教育单位作为公共服务机构的主要力量之一，也应将农业生产的科技创新、促进农业科技成果转化应用、培养涉农人才、培养新型农民、提高基层农业科技水平和服务能力作为自身的主要职能。

2. 龙头企业的功能

当前我国农业生产社会化服务体系面临如何提升农业生产社会化服务的水平和质量的问题，需要借助市场机制在资源配置和优化结构方面的优势，特别是在农产品市场化的领域，龙头企业可以充分发挥其作为市场主体的优势，有效地优化配置农业生产要素。龙头企业是现代化农业生产的核心，其主要功能在于：建立多种方式与农户形成利益共同体，使分散的农户与市场联结，为农户提供农业生产一体化服务，具体包括信息的采集与发布、农资供给、信贷保险、农技咨询、产品加工销售等。龙头企业通过一体化的服务，带动农户一起发展，农户可以享受到农业产业链条延长的收益，增加其收入。

3. 农业合作经济组织的功能

农业合作经济组织在农业生产社会化服务体系中，相对于凭借着资本与权力的龙头企业和公共服务机构，发展相对滞后。农业生产社会化服务体系的发展，需要协调体系内各供给主体的力量，促进体系平衡发展，应积极鼓励各类农业合作经济组织，完善农业生产社会化服务。农业合作经济组织的主要功能在于：有效地将分散的农户组织起来，鼓励农户互相帮助共担风险，增强农户在市场中的竞争力。

4. 其他社会服务组织的功能

作为农业生产社会化服务体系中对公共服务机构、龙头企业、农业合作经济组织的补充，其他社会服务组织的运行机制既区别于政府机制又不同于市场机制，因此，这类社会组织兼具公益性服务和经营性服务的特征。其他社会服务组织的主要功能如下：通过服务联合体、研究会、农民技术协会、农民经纪人、农机租赁组织等形式，弥补政府和市场不能触及的农业生产领域，为适应不同地区农业农村生产的发展而提供有效且适用性强的服务。

二、现代农业生产社会化服务体系创新的目的

（一）迎合农业生产社会化服务体系的要求

1. 经济新常态对农业生产社会化服务体系的要求

目前，我国正处于经济从高速增长转为中高速增长，经济结构不断优化升级，从要素驱动、投资驱动转向服务业发展及创新驱动的新常态下，农业依然在经济社会发展中居于基础地位，经济新常态对农业发展提出了加快发展现代农业、转变农业发展方式、推进农业结构调整、充分发挥市场决定性作用、提升农产品质量、保证食品安全的新要求。因此，农业生产社会化服务体系作为农业发展的重要保障，需要通过创新才能迎合经济新常态对其服务提出的注重农业创新技术和可持续性集约发展，充分利用市场的力量与资源，在保障产出高效、产品安全的同时，也要注重保护自然环境的新要求。

2. 新型城镇化对农业生产社会化服务体系的要求

在我国，传统城镇化出现了“土地城镇化”快于“人口城镇化”、城市发展不均衡、城乡收入差距大和社会公共服务资源分配不均等问题，为使整个国民经济健康、有序地发展，新型城镇化应运而生。新型城镇化要求以城乡统筹一体化、节约集约、和谐发展、生态宜居发展城镇化，不以牺牲农业和粮食、生态环境为代价，缩小城乡收入差距，以人为核心实现社会公平。因此，在新型城镇化的背景下，农业生产社会化服务体系需要通过创新，注重提高服务水平，保障农民利益，以农业技术创新为动力，发展高产高质、集约、生态的现代化农业生产，才能满足新型城镇化对农业生产社会化服务体系的要求。

（二）调节农业生产社会化服务的供需失衡

1. 农户对农业生产社会化服务的需求

目前农户生产经营规模普遍较小，生产经营条件较差，对现有农业生产社会化服务普遍表示不太满意。农户对各种服务的需求程度由强到弱依

次是农业科技服务、农业信息服务、农业生产资料供应服务、农业信贷服务、农机作业服务、农业基础设施建设服务、农业产后服务、农业保险服务。

第一，农户对农业生产社会化服务需求最高的是产中环节，涉及农业生产产中服务，如播种、施肥、打药、灌溉、机耕、收获等，使用社会化服务可以降低生产成本、减少劳动力支出、提高效率。第二，农业信息服务，包括提供销售信息、技术信息、价格信息、雇工信息、政策法律信息等，农产品的生产、销售需要一定的信息来源作为支撑，通过对信息全面的了解，才能应对市场需求及供给变化，从而做出对农户最有利的行为。第三，农业生产资料服务，包括农药、化肥、塑料薄膜、饲料、农业机械的供应。农户要想生产高质量产品，需要掌握农产品生长环境，如喷洒农药、施肥、控制温度等，这样才能为高产量生产提供条件。第四，农业基础设施建设、产前、技术等方面的服务，农业基础设施建设服务包括提供交通运输服务、通信服务、农田水利设施服务等方面；产前服务，如种子、种苗、种畜等供应；技术服务，如提供种植技术指导、养殖技术指导等方面。农户种植需要优良的种子、种苗、种畜供应，提供种植技术指导，同时交通运输便利、通信便利、农田水利设施便利，这样才能在最佳时期种植产品，提高产品产量和质量。第五，销售、金融、产后等服务，农产品销售服务为农产品质量认证、品牌、统一销售、联系买家等内容，金融服务包括提供信用担保、介绍贷款渠道、组织农户集体贷款、提供农业保险服务等方面，产后服务涉及保险、加工、包装、储存、运输、销售等。只有在产品质量有保证、金融服务有渠道、产品销售有方法、产品信用有担保的综合保障下，才能使农户扩大生产规模，转变生产模式。第六，农业机械服务是指提供农用机械租赁服务。当前农户种植亩数少，生产规模小，对于少数大规模农户或企业，机械化服务仍是需解决的问题。

2. 农业生产社会化服务的供给

在调查中，提供农业生产社会化服务的供给主体主要包括政府部门、村集体、农业院校及科研院所、农业合作经济组织（协会或合作社）和企业。调查发现，政府部门包括各级政府、农业局、畜牧兽医站、农技推广站等部门，负责范围广，特别是在农业生产产前服务、农业信息服务、农业基础设施建设服务等方面提供的比重较大。农业院校及科研院所在所有供给主体中提供服务比例最小，但较自身而言，在农业技术服务、农业基础设施建设服务方面比重较大。在农业生产产后服务及农业生产销售服务中，企业提供服务比重较大。农业合作经济组织（协会或合作社）对于自身而言在农业生产产中服务、农业生产资料服务、农业技术服务、农业机械服务方面提供比重较大。

农户对农业生产社会化服务的满意度评价，可真实反映农户对农业生产社会化服务供给的有效性评价，是分析农业生产社会化服务供需失衡的基础。调查发现，在满意评价上，农户对服务供给主体的满意程度由强到弱依次是政府部门、村集体、企业、农业合作经济组织、农业院校及科研院所。其中，农户对政府部门（各级政府、农业局、农机推广站）、村集体提供的生产社会化服务满意度高于40%。农户评价农业合作经济组织（协会或合作社）、企业提供的农业生产社会化服务满意度达22%。在农业院校及科研院所提供的农业生产社会化服务满意度评价上，少于50%的农户的满意度在一般以上（满意、较满意、一般），而不满意程度达53.2%。

（三）推动新阶段农业发展目标的实现

在农业增产方面，维持农业产品高产出；在农民增收方面，不断缩小城乡收入差距；在农业竞争力增强方面，持续提高我国农产品出口数量和质量：加强农产品品牌建设，扩充农产品出口市场渠道，发展一批产业链条长、科技含量高、品牌影响力强、年销售收入超过百亿元的大型农产品加工企业集团；在农业可持续发展方面，建设资源节约型、环境友好型农业生产体系。从更加长远的角度来看，我国农业发展需要实现从传统农业向现代农业转型，农业生产经营方式由传统小农生产向社会化大生产加快转变，工农、城乡关系深度调整和互动融合，农村居民收入大幅提升以缩小城乡收入差距的目标。以上新阶段农业发展目标的实现，都需要农业生产社会化服务体系创新的推动。

三、现代农业生产社会化服务体系创新原则

（一）适用性原则

一个国家或地区的政治、经济、文化和社会将影响该区域服务的内容、标准和组织模式。我国幅员辽阔，各区域的自然和社会环境差异较大，这就决定了农业生产社会化服务体系的创新需要适应我国的基本国情，综合考虑、因地制宜、分类建设具有区域特色的服务体系。同时，满足农业发展和农户生产的需求是农业生产社会化服务体系建设的根本出发点。因此，农业生产社会化服务体系的创新应提高体系对农业发展和农户生产的适用性，需要持续完善需求表达机制，在服务供给主体和农户之间建立良性互动关系，使农户生产中的实际需求能够被各供给主体获取，确保农户能从农业生产社会化服务体系中受益。

（二）系统性原则

农业生产社会化服务体系是一个有机整体，由各个子系统组成，子系统之间相互联系、相互作用共同完成农业生产社会化服务体系的系统功能。系统的重要特征就是系统总效用大于各元素效用之和。因此，在对农业生产社会化服务体系进行创新时，应坚持系统性原则，既要充分运用市场化手段，扩大社会分工，完善好每一个子系统，使各服务供给主体角色功能明确，发挥其应有职能；同时，也要增强各服务供给主体的协调联系，使分散化的服务转为综合化、一体化的服务，最大限度地发挥农业生产社会化服务体系的系统功效。

（三）可持续性原则

农业生产社会化服务体系的创新，要坚持可持续性原则，实现以人为本、全面协调的发展。同时，要提前预见和充分考虑我国农业生产社会化服务体系发展的新问题、新需求、新模式、新趋向，借鉴发达国家和地区的成功经验，使农业生产社会化服务体系保有可持续的动态更新能力。只有坚持科学的可持续发展原则，才能使农业生产社会化服务体系积极发展、充满活力，发挥长久的功效。

第四节 农业标准化及体系

农业标准体系的技术水平直接影响到农业标准化的实施水平，关系到整个农业产业发展的发展水平。如何构建一个科学、完整的农业标准体系，是农业标准化首先要做的基础工作。

一、农业标准化概述

1. 农业标准化基本原理

（1）顺应生长原理。

农业过程的本质是生物生长发育的持续过程，农业标准化所能反映出来的是人的操作行为在符合生物持续过程基础上的目标性的客观推动，所以制定标准的依据，只能是人在研究和认识生物过程本质的基础上的客观规律反映。生物一旦进入某个农业生产过程，就会在自身规律的约束下前进，任何以外的措施，只能让这种运动的进程放慢或者加速，否则运动方向就会逆转，或者成为别的生物的生活基础。因此，农业标准化既然是对这一过程的客观反映和规则制定，那么就必须顺应这种运动的本质，并且以既定标准促进对生物过程本质的更明晰、更精确的发现和反映，其结果便成为制定标准的依据。

（2）环境依赖原理。

农业生产过程具有明显的产地生态性和较强的环境依赖性，生物生产及其产品内在品质，取决于该生物对产地生态环境的最佳适应性。农业生产在确定了生物（或品种）之后，必须要在适合其生长发育的特定生态环境中开展生产，才能取得理想的结果。否则，即便利用任何先进技术，以高昂代价，进行人工环境的模拟，所生产出来的产品，其品质和风味也远不如原产地自然生态环境下的结果。

（3）不确定性原理。

由于生物生命过程与环境之间的多因素应变平衡，成为复杂的变化系统，使得农业标准化中的任何步骤的重复结果不会同值。在农业标准化中，措施的效果（量值）始终表现在一个范围之内，每一次重复的结果不会与前次相同。

（4）时滞效应原理。

农业标准化的任意措施与效果表达之间总存在着明显时差。农业标准化实施应用一个措施之后，可能需要几天甚至十几天的时间，才能表现出效应来，我们视其为一种缓慢表达性。

（5）系统补偿原理。

农业过程中的生物生长发育会对不良环境的作用表现出较强的应激能力，以补偿环境对自身的损伤。这种补偿往往会在一定范围内超过原有损失量，从而促进了生物体的自卫性增产反应。

（6）过程多路原理。

农业过程的每一个阶段，由于影响因子的复杂性，导致产生同一结果的过程表现非唯一性。农业过程的每一个位点或者阶段，由于采取措施达到同一目标的多通道现象，导致生产同一结果的过程表现非唯一性。

（7）质量多层原理。

农业标准化过程中的某个环节的质量与其下一环节的质量及其最终产品的质量之间存在着一定的非依赖关系；同一农业标准化过程后的最终产品质量亦非同质。即便是应用一样的标准管理方法和技术过程，农业过程的最终产品仍然会出现质量多层现象，绝不会出现工业产品那样的相同规格。

（8）相互作用原理。

因农业过程的复杂性使过程内诸因素之间产生相互作用与平衡，伴随反馈机制的调节，为之制定并应用标准的过程仍然会产生相互作用。

2. 农业标准化的范畴

（1）对象或领域。

①农产品（含其加工品）、种子（包括种子、种苗、种畜、种禽、菌

种等）的品种、规格、质量、等级和安全、卫生要求；

②农产品、种子的试验、检验、包装、储存、运输、使用方法和生产、储存、运输过程中的安全、卫生要求；

③农业方面的技术术语、符号、代号、标志；

④农业方面的环境条件、生产技术和管理技术。

（2）内容：

①术语、符号、代号；

②图形、表格、文件、账目；

③量、单位；

④品种、规格、等级、类别；

⑤性能、功能、质量；

⑥包装、标志、标识；

⑦开发、试产；

⑧环境条件；

⑨技术、作业、操作、方法、要求；

⑩保鲜、储存、运输；

⑪销售、服务、使用；

⑫试验、检验、认证、认可；

⑬农具、工具、仪器、设备、机械、条件；

⑭安全、卫生、环境保护；

⑮管理规程、管理方法。

随着农业经济、农业科学技术的发展，也随着农业标准化自身的发展，农业标准化的内容还会越来越丰富。

（3）级别。

①农业国际标准化是指所有国家有关机构都可参与的农业标准化。

②农业区域标准化是指仅世界某个地理、政治或经济范围内的国家的有关机构都可参与的农业标准化。

③农业国家标准化是指在某个国家一级进行的农业标准化。

④农业行业标准化是指在某个国家的农业行业一级进行的农业标

准化。

⑤农业地方标准化是指在某个国家的某个地区一级进行的农业标准化。

⑥农业企业标准化是指以提高农业企业管理效益和效率为目的，对农业企业范围内需要协调、统一的技术、管理和工作事项进行有组织、有计划的农业标准化。

二、农业标准化体系

（一）农业标准体系

1. 农业标准体系的定义

GB/T13016 对农业标准体系的定义为：农业标准体系就是指在一定范围内的农业标准按其内在联系形成的科学的有机整体。其目的是把以农业技术标准为核心，包括农业生产的产前、产中、产后全过程的生产操作规程在内的标准集合起来，充分发挥其在农业生产中的规范作用，更好地为农业生产服务，促进农业产业化和现代化建设。

从宏观而言，农业标准体系是指为了对农业产前、产中、产后全过程进行规范，按照国家法律法规的规定，制定的国家、行业、地方和企业标准，形成的相互配套的质量控制及经济、社会和生态效益控制标准体系。从微观而言，是指为了保障某一类或某一种农产品质量，按照市场需求及法律法规、国家强制性标准的规定，建立和完善农产品产地、生产、加工、销售全过程标准，形成的与市场需求对接，国家、行业、地方、企业标准紧密衔接配套的质量控制，能发挥最佳经济、社会和生态效益的标准体系。

2. 农业标准体系的内容

（1）农业标准制定的主体。

制定农业标准应当发挥农业行业协会、科学研究机构、学术团体和农业企业的作用。制定标准的部门应当组织由专家组成的标准化技术委员会负责标准的草拟，参加标准草案的审查工作。标准技术委员会主要由用户、农业生产部门、农业企业、农业行业协会、农业科研机构、农业学术团体及有关部门的专家组成。未组成标准化技术委员会的，可以由标准化技术归口单位负责标准草拟和参加标准草案的技术审查工作。制定企业标准应当充分听取用户（包括消费者）、科研机构的意见。

（2）农业标准的构成。

农业标准的构成很复杂，具有典型的时空特性。从地域空间看，它由农业国际标准、区域标准、国家标准、行业标准、地方标准与企业标准构成；从时间属性看，它由产前的生产环境标准和农业生产资料标准，产中的生产技术规程，产后的收获、加工、物流标准构成；从国际贸易需求看，由进（出）口国标准、国际标准、区域标准、买卖双方共同约定的要求等构成；从农产品质量安全看，由无公害（农产品）标准、绿色食品标准、有机食品标准等构成。

（3）农业标准的管理。

农业标准的信息反馈。信息反馈是对农业标准体系进行管理的前提。任何一个标准体系都必须有信息反馈，而且必须经常地获得必要的反馈信息。反馈控制是标准系统实现目标的决定性因素，它包括广泛收集农业国际标准、国外先进标准与出口目标国标准信息，并及时调查国内标准指标的有效性。

农业标准的动态发展。农业标准体系的发展是一个历史积累的过程，其本身是一个相对稳定的系统，才能使标准化发挥出其系统效应。但这种稳定性是建立在外部条件相对稳定的基础上的，当外部条件发生变化，标准的稳定性和有效性也随之降低。因此，在农业标准体系建设过程中，要根据国内外农业和农村经济发展变化及时制定、修订或废止标准。而且，农业标准体系的建立要全面掌握国内外的生产和消费需求，以相当数量的各级各类的标准为基础，并注重标准质量的管理和相关标准间的有效衔接。

3. 农业标准体系构建

（1）按照农产品产业链构建标准体系。

农产品生产经营一般分为种苗繁育、基地建设、栽培、采收、采后处理与加工、分等分级、包装、贮运、销售及售后跟踪等过程，在构建标准体系时，按照各过程紧密衔接及产业中长远发展要求，每个过程可考虑制定一个标准，各个过程标准的综合就构成了一个比较完整的标准体系。

（2）按照产业发展技术水平构建标准体系。

突出技术优势，农产品生产全程按照技术优势的要求，构建标准体系。如具有杂交水稻研发优势，在建立稻米产业标准体系时，要根据杂交水稻技术的要求，确定体系中的各标准。

（3）按照产业保护的要求构建标准体系。

现在各国为保护原产地产品，都在开展原产地地理标识认可工作。对原产地产品，经国家有关单位认可后，国家对地理标识范围内的产品实行保护，只有在规定范围内的产品，才能加贴原产地地理标识。对加贴原产地地理标识的农产品，各国在市场准入及征税上实行优惠。对具备原产地地理标识保护的产业，以保护产业发展为重点，构建标准体系。

（二）农业质量认证体系

1. 农业质量认证的概念

农业质量认证是由可信任的第三方（认证机构），依据程序对农产品、食品或其生产过程或服务符合规定标准或要求的情况给予证实的全部有关活动。农业质量认证是由农业相关的质量检验、认证机构从事的活动。农业质量认证对象是农业产品、生产过程或服务、生产环境和质量管理体系，通过认证证明认证对象是否符合相应的标准。农业质量认证可分为产品、报备认证和环境或质量体系认证。农业质量认证最早始于美国农作物种子，后来发展到农产品和服务。目前，农业生产经营中开展的认证工作主要有 ISO9000 国际质量体系认证、ISO14000 国际环境体系认证、HACCP 国际食品安全管理体系认证等，以及国内的国家免检产品、质量市场准入标准（“QS”标志）、原产地域产品认证、无公害农产品认证、绿色食品认证和有机产品认证等。

2. 质量体系认证的概述

（1）ISO9000 质量管理体系认证。

ISO9000 标准是国际标准化组织在 1994 年提出的概念，是指由 ISO/

TC176（国际标准化组织质量管理和质量保证技术委员会）制定的国际标准。ISO9000不是指一个标准，而是一族标准的统称。根据ISO9000-1：1994的定义："ISO9000族是由ISO/TC176制定的所有国际标准"。

TC176即ISO中第176个技术委员会，成立于1980年，全称是"品质保证技术委员会"，1987年更名为"品质管理和品质保证技术委员会"。TC176专门负责制定品质管理和品质保证技术的标准。

（2）ISO14000环境管理体系认证。

在当今人类社会面临严重的环境问题（如温室效应、臭氧层破坏、生物多样性的破坏、生态环境恶化、海洋污染等）的背景下，ISO汇集全球环境管理及标准化方面的专家，在总结全世界环境管理科学经验基础上制定并正式发布一套环境管理的国际标准——ISO14000系列标准，涉及环境管理体系、环境审核、环境标志、生命周期评价等国际环境领域内的诸多焦点问题。旨在通过建立符合各国的环境保护法律、法规要求的国际标准，在全球范围内推广ISO14000系列标准，达到改善全球环境质量，促进世界贸易，消除贸易壁垒的最终目标。

（3）GMP认证。

良好操作规范是一种重视生产过程中产品品质与质量安全的自主性管理制度，要求企业从原料、人员、设施设备、生产过程、包装运输、质量控制等方面按国家有关法规达到卫生质量要求，形成一套可操作的作业规范，帮助企业改善企业卫生环境。

GMP实际上是一种包括4M管理要素的质量保证制度，即选用规定要求的原料，以合乎标准的厂房设备，由胜任的人员，按照既定的方法，制造出品质既稳定又安全卫生的产品的一种质量保证制度。

（4）HACCP认证。

危害分析关键控制点作为一种科学的、系统的方法，应用在从初级生产至最终消费过程中，通过对特定危害及其控制措施进行确定和评价，从而确保食品的安全。HACCP在国际上被认为是控制由食品引起疾病的最经济的方法，并就此获得FAO/WHO食品法典委员会的认同。它强调企业本身的作用，与一般传统的监督方法相比较，其重点在于预防而不是依赖于对最终产品的测试，它具有较高的经济效益和社会效益。被国际权威机构认可为控制由食品引起的疾病的最有效的方法。

HACCP 是确保食品质量的积极的过程控制体系，对食品加工、运输以至销售整个过程中的各种危害进行分析和控制，从而保证食品达到安全水平。20 世纪 60 年代，皮尔斯伯公司联合美国国家航空航天局和美国一家军方实验室共同制定了 HACCP，体系建立的初衷是为太空作业的宇航员提供食品安全方面的保障。1993 年，国际食品法典委员会推荐 HACCP 系统为目前保障食品安全最经济有效的途径。

（5）GAP 认证。

1997 年，欧洲零售商农产品工作组在零售商的倡导下提出了“良好农业规范”，简称为 EUREPGAP。2001 年 EUREP 秘书处首次将 EUREPGAP 标准对外公开发布。EUREPGAP 标准主要针对初级农产品生产的种植业和养殖业，分别制定和执行各自的操作规范，鼓励减少农用化学品和药品的使用，保证初级农产品生产安全质量，形成关注动物福利、环境保护、职工的健康、安全和福利的整套规范体系，提倡动态管理、循序渐进、自我完善的新概念。GAP 内容是以危害分析与过程控制点（类似 HACCP）形式规定相关良好农业生产行为和条件，并充分赋予可持续发展和不断改进的新理念，避免在农产品生产过程中受到外来物质的严重污染和危害，充分体现与履行企业或组织的社会责任。

为建立我国 GAP 认证和标准体系，自 2004 年起，国家认监委组织有关方面的专家制定并由国家标准委发布了 24 项 GAP 国家标准，内容涵盖种植、畜禽养殖、水产养殖。国家认监委还发布了《良好农业规范认证实施规则》，建立了我国统一的 GAP 认证体系。

（三）农业质量监测体系

1. 农业质量监测体系简介

农业质量监测体系是指为完成农产品质量各个方面、各个环节的监督检验所需要的政策、法规、管理、机构、人员、技术、设施等要素的综合。它不但是农产品质量的基础保障体系，也是依据国家法律法规对产地环境、农业投入品和农产品质量进行依法监督的执法体系，除必要的政策法规和管理制度外，农业质量监督检验测试机构是这个体系的主体。农业质量监测体系建设是农业标准化建设的重要组成部分。它既是农业标准化工作顺利开展的基础保障体系，也是监督标准化进程、检验标准化成果的重要的信息反馈体系。它主要包括农业质量管理体系、执法体系建设，质量监督检验基础设施建设和市场评价监督机制的培育等内容。农业质量管理体系与执法体系是政府的重要职能部门之一，它依照法律法规对农业质量进行管理与监督；质量监督检验基础设施主要为政府监督和社会监督提供合法依据；市场评价监督机制是市场运作过程中形成的对农业投入品和农产品进行真伪识别、价值评估、优胜劣汰的质量监督评价认可机制。

农业质量监测的对象是农业投入品质量和农产品质量。农业投入品是指在农产品生产过程中使用或添加的物质，包括种子（种苗、鱼苗、仔畜）、肥料、农药（兽药、鱼药）、饲料、添加剂等农用生产资料产品和农机、农业工程设施设备等农用工程物资产品（农膜、农机），也包括不按规定用途非法用于农产品生产的物质，如孔雀石绿和瘦肉精。质量监测的内容包括三个方面：一是假冒产品；二是质量不合格产品；三是毒性大、残留量高等不宜在农业生产中使用的产品。农产品包括农业、水产业、畜牧业、林果业的产品、副产品及其初加工品，质量监测的内容主要有两个方面：一是假冒品牌的农产品；二是农药（兽药、鱼药）残留、重金属、亚硝酸盐、瘦肉精等对人体有毒有害物质超标的农产品。当前，大宗农产品品牌化程度还比较低，农产品质量监测的重点主要是农产品的安全卫生水平。

2. 农业质量检测体系组成

（1）产地环境质量监测。

产地空气监测。空气质量与农业生产息息相关。当空气环境遭受污染，就会对农业生产带来影响和危害。因此，无论是绿色食品还是无公害农产品生产，产地的空气环境质量监测都是必不可少的，常见的空气污染物有 TSP、NO 等。

产地水质监测。水是农业生产中必不可少的要素，水质的好坏对农作物生长发育以及产品质量都有很大的影响。因此，加强产地水质监测对于评价产地环境质量，保证农产品质量具有十分重要的意义。

绿色食品水质监测项目主要有 pH 值、镉、铅、汞、砷、氟化物、铬（六价）、氰化物、氯化物、细菌总数、大肠菌群、COD、BOD、DO。除标准规定的监测项目外，有时还要根据污染源和污染情况的不同，对不同水体增加某些特定的监测项目。

产地土壤监测。土壤是指陆地上能生长作物的疏松表层，它介于大气圈、岩石圈、水圈和生物圈之间。土壤监测是产地环境监测的重要内容之一。土壤污染来源于工业污染、农业污染和生物污染。它们通过水、气、固体废物等进入土壤。常见的土壤污染物有重金属、有机污染物、农药和病原菌等。

（2）农业投入品质量监测。

农药管理与使用安全。农药使用严格按照国家颁布的 GB/T8321. 1—8321. 7《农药合理使用准则》和 GB4285—1989《农药安全使用标准》执行。在生产中不得使用剧毒、高毒、高残留农药和国家明文规定不得在农作物上使用的农药；设立专门的农药仓库和保管人员，保管人员核对农药的数量、品种和“三证”（登记证、生产许可证、产品标准号）后，方可入库；尽量减少化学农药的使用，积极使用生物农药，根据病虫害发生情况或有关技术部门的病虫情报，指导用药，做到适时防治，对症下药，并注意农药的交替使用，以提高药效，严格掌握农药使用的安全间隔期，安全合理使用农药，及时做好农药使用的田间档案记录，配合检测部门严格防止农产品农药残留超标。

化肥管理使用安全。严格执行肥料合理使用准则，加强肥料养分资源的综合管理，建立科学合理的施肥技术，提高养分资源的利用效率。根据作物生长需要平衡施肥，使用经过无公害处理的有机肥及配合使用配比合理的无机复合肥，施肥以有机肥为主，化肥为辅；以多元素肥料为主，单元素肥料为辅；以基肥为主，追肥为辅；肥料应按种类不同分开堆放于干燥、阴凉的仓库贮存；避免因环境因素造成肥力损失和环境污染；外来肥料必须“三证”齐全；不施用城市垃圾；及时做好肥料使用的田间记录。

种子管理实用安全。种子的生产和管理应严格按照国家颁布的GB4404《粮食作物种子》执行，搞好种子质量检验，严把种子质量关，杜绝假冒伪劣种子进入市场，保护农民利益，增强种子生产者、经营者的优种意识，确保农业生产安全用种。无公害农产品生产严格控制种子来源，购买和使用的种子必须具备种子生产许可证、种子质量合格证；引进种子必须有检疫证明；有专门的种子仓库和保管人员，种子应有详细的进库、出库记录；过期种子应及时清理。

（3）农产品质量监测。

①农产品质量的概念。

农产品质量包括两个方面的内容：一是产品的品质质量，包括外观、口感、营养、耐贮性等；二是产品的食用安全性，即安全质量。《中华人民共和国农产品质量安全法》所称农产品质量安全是指农产品质量符合保障人的健康、安全的要求。就农产品而言，其质量特性至少包含功能性、可信性、安全性、适应性、经济性和时间性等6个方面：

a. 功能性。外观功能包括农产品的状态、造型、光泽、颜色、外观等，使用功能包括农产品的营养、感官、保健功能以及包装物的保藏功能。

b. 可信性。农产品的可用性、可靠性等，即农产品在保质期内具备规定功能的能力。

c. 安全性。农产品在生产、储存、运输和消费过程中，能保证对人体和环境的伤害或损害控制在一个可接受的水平。

d. 适应性。农产品适应外界环境的能力，包括自然环境和社会环境。

e. 经济性。农产品对生产者和消费者来说经济上是合算的。经济性是农产品市场竞争力的关键因素。

f. 时间性。农产品在数量上、时间上满足消费者的能力。农产品具有季节性强的特点，且生命周期很短。

农产品品质实质上指的是农产品质量，其内涵系营养品质、加工品质和商业品质等的总称。为了能够定性定量地使农产品质量特性这个名词具体反映农产品的适用性，一般把农产品质量特性分为五类：ⓐ内在特性。

由农产品的理化性能体现，主要包括产品的结构、物理性能、化学成分、精度、纯度等。ⓑ加工特性。指对加工过程有影响的原材料特性，主要包括形状、外观、色泽、音响、气味、包装等。ⓒ感官特性。指通过人类感觉器官来判断农产品的特性。ⓓ安全卫生状况。主要指农产品中重金属元素（如砷、汞、铬、铅、镉等）和亚硝酸盐、黄曲霉毒素等含量，农药残留量以及细菌、激素等其他有毒有害物质含量。ⓔ农产品使用的指标值。主要是指可靠性（如成熟度、保质期、保鲜期、货架期、贮存方法、干重等商业特性）。

②农产品标准中的质量要求。

农产品质量标准是指为保证农产品的质量达到一定的技术水平而制定的一系列技术规定（表4-1）。

表4-1 农产品标准中的质量要求内容

质量特性	质量特性要求	示例
性能	使用性能要求	新鲜度、干重、贮存方法等
	外观和感官性能要求	色泽、气味、食味品质、手感、包装等
	理化性能要求	胶稠度、食味、容重、硬度、矿物质含量等
可靠性	可靠性要求	保质期、新鲜期、货架期等
安全性	安全要求	农药残留量、重金属含量等
	卫生要求	砷、汞、亚硝酸盐等限量卫生标准，致病菌、计生长、传染病等
	环境保护要求	大气、水质、土壤污染限制等
适应性	环境条件要求	温度、光照、水体、土壤、大气等
	稳定性要求	对酸害、盐害、冷害、热害的反应，耐储藏性、抗病性等
经济性	需能要求	需要水、电、肥料、饲料、添加剂、农药、其他农业生产资料等

③农产品质量安全。

广义上的农产品质量安全包括农产品数量保障和质量安全。狭义的农产品质量安全是指农产品在生产加工过程中所带来的可能对人、动植物和环境产生危害或潜在危害的因素，如农药残留、重金属污染、亚硝酸盐污染等。

农产品质量安全中，质量安全的概念在不同的场合有不同的理解。第一，是把质量安全作为一个词组，既包含质量又包括安全，是农产品安全、优质、营养等要素的综合体，这个概念被我国现行的国家标准和行业标准所采纳。第二，是指质量的安全，安全性是农产品质量特性之一。第三，是指质量和安全的组合，即质量和安全是两个独立的词组，将农产品的安全品质同农产品的其他品质区分开来。这种说法符合国际通行原则，有利于将公共资源集中在安全危害的管理上，消费者对其他品质的需求就可以利用市场机制来解决。

农产品质量安全标准通常指规定农产品固有质量和安全要求的标准，以及与农产品质量和安全有关的标准，其大致包括以下九大类：安全卫生标准、农业投入品类标准、农业资源环境类标准、动植物防疫检疫类标准、管理规范标准、农产品品质规格类标准、生产技术规程、分析测试方法类标准、名词术语类标准。

第五章

乡村产业振兴实践案例

实施乡村振兴战略是党的第十九大做出的重大决策部署。我国作为世界上最大的发展中国家，自新中国成立以来，发展成就令世界瞩目。但农村发展相对落后，城乡二元经济结构仍然比较突出，发展不平衡、不充分的问题仍然存在，这些问题必须得到解决，这也是实现中华民族伟大复兴的必然要求。本章以乡村产业振兴实践为切入点，对广西、赣南、山东菏泽的乡村产业振兴实践进行论述。

第一节　广西乡村产业振兴实践

广西壮族自治区作为欠发达地区，只有抓住我国大力实施乡村振兴的战略机遇，实现跨越式发展才能迎头赶上时代发展的步伐。本节以乡村振兴为背景，对广西乡村产业振兴的路径选择进行论述。

一、广西资源总体情况

（一）农业高质量发展与农业现代化的辩证关系

依据《国家质量兴农战略规划（2018—2022 年）》确定的两步走目

标，2018—2022 年为质量兴农制度框架建设与农业高质量发展初级阶段；2022—2035 年为质量兴农制度体系发展完善与农业高质量发展高级阶段，即基本实现农业农村现代化阶段。因此，农业高质量发展是农业现代化的前提与基础。从国家层面来看，农业高质量发展阶段的任务是推进农业供给侧结构性改革和绿色化、优质化、特色化、品牌化发展，构建生产经营、质量安全标准体系，实施价值链增值与三产融合工程，培育壮大新型农业经营主体队伍，实现农业发展质量、效率、动力变革；农业农村现代化阶段的任务是持续推进农业生产者、农业生产条件、农业生产技术、农业生产组织管理的现代化，是实践高产、优质、高效农业生产体系的阶段，是全方位实现农业经济、社会、生态效益的阶段。

（二）西部农业资源条件

1. 农业自然资源丰富但分布不均

西部大开发战略界定中国西部地区包括 12 个省，总面积约 685 万平方公里，约占全国的 71. 4%；耕地面积 67 425. 8 万亩，约占全国的 37%。而且，西部地区还有广阔的草原、森林等适宜生物生长的土地资源。同时，西部水资源也比较丰富，2018 年西部地区水资源总量为 16 152. 8 亿立方米，占全国的 58. 8%。这些有利的资源条件在一定程度上为农业的发展奠定了基础。然而，这些资源在西北、西南甚至小区域内分布也不集中、不平衡，水资源总量最多的西藏是水资源总量最少的宁夏的 316. 9 倍，农业生产的天然资源地域差异较大。

2. 农业劳动力资源相对丰富

2021 年中国西部地区常住人口数为 38 281. 45 万人，占全国人口的 27. 12%，农业发展所需的劳动力资源比较充裕。随着西部地区农业发展的深入，农业活动中的剩余人口日益增加，并开始向其他部门转移。但是，与全国农业劳动力平均投入水平相比，西部地区的比重仍然很高。此外，西部农业劳动力的资源优势主要表现在人口的绝对数量上，而代表高质量劳动力的青壮年劳动力和高素质的科技人才“东南飞”现象严重。

3. 生态环境脆弱、污染严重、自然灾害频发

西部地区不仅是我国长江、黄河的水源地，也是许多野生动植物的分布地，对我国的环境保护和生态平衡起着非常重要的作用。然而，我国西部地区农业生产方式总体上仍然过于粗放，农业生产中严重依赖农药化肥施用、超环境承载能力放牧和过度开垦等现象普遍，给生态环境带来巨大压力。另外，西北农村地区沙化土地已达 3.6 亿亩，退化草地面积占西部可利用草地面积的 23%，以及频繁发生的自然灾害等不可控因素严重阻碍了农业生产。西部农业产出不稳定、波动大、“靠天吃饭”特征明显。

（三）广西资源总体情况

恩格斯曾经指出：“政治经济学家说，劳动是一切财富的源泉。其实劳动和自然界一起才是一切财富的源泉，自然界为劳动提供材料，劳动把材料变为财富。”① 自然资源是新古典经济学生产函数中一个关键的生产要素，一般认为，自然资源丰裕的地区具有发展的优势。自然资源禀赋结构包括土地资源、水资源、矿产资源、生物与森林资源。广西的自然资源禀赋结构决定了广西乡村在发展什么产业上更具有优势。

土地资源丰富。具有山多地少的典型特征，耕地、居住、人口之间有着突出矛盾。广西独特的自然条件形成独特的农业产业，特色的生态环境使广西地区产出特有的农产品。有甘蔗、猪、家禽、水产等特色资源，有罗汉果等名贵中药，有火龙果、荔枝等水果；广西因喀斯特地貌的存在，在世界享有盛誉。客观来说，虽然喀斯特地貌为广西带来贫困，但是喀斯特地貌使广西蕴含着极大的旅游业发展潜力。这种自然风光主要有石漠化形成的喀斯特地貌环境与众多河流形成独特的自然风光，如溶洞、瀑布景观，独特的梯田等独特景观；广西还有丰富的滨海旅游资源，拥有钦州、北海和防城港三大沿海城市。

水资源丰富。广西境内河流分属珠江水系、长江水系、桂南独流入海水系、百都河水系等四大水系，其中以珠江水系为主。珠江水系是广西最

---

① 恩格斯. 劳动在从猿到人转变过程中的作用［M］. 上海：华东人民出版社，1953.

大水系，在广西的流域面积为 20.24 万平方千米，占广西土地总面积的 85.2%，集雨面积 50 平方千米以上的河流有 833 条；矿资源种类多、储量大，尤以铝、锡等有色金属为最，是全国 10 个重点有色金属产区之一，还有富饶的海洋矿产资源。北部湾是我国沿海六大含油盆地之一，油气资源蕴藏量丰富，石油资源量为 16.7 亿吨，天然气（伴生气）资源量为 1 457 亿立方米；生物与森林资源丰富。广西森林面积为 1 480 万公顷，森林覆盖率为 62.31%，森林植被总碳储量超过 3.9 亿吨，年涵养水源量为 388.10 亿立方米，年固土量为 41 453.35 万吨，年保肥量为 2 718.56 万吨，年吸收污染物量为 152.18 万吨，年滞尘量为 37 698.07 万吨。

二、广西乡村产业振兴路径选择

（一）西部农业现代化发展问题分析

1. 现行土地制度制约农业规模化经营

20 世纪 80 年代初的家庭联产承包责任制是适应当时经济社会发展需要的伟大创造，是农村经济体制改革的产物，实现了以粮食稳民心强信心的压舱石作用，对农业发展作出了历史性的贡献。但是，随着农业机械大面积推广，农业并不需要投入大量的劳动力，导致以家庭联产承包责任制为主体的单家独户小规模的农业生产经营模式已经成为农业现代化发展的绊脚石。首先，家庭联产承包责任制会降低土地产出效率。现有土地经营方式下，农民对土地的资金、设施、技术投资积极性不高，规模化、现代化农业生产方式推广缓慢，土地产出效率大打折扣。其次，现有土地制度不利于土地流转，阻碍农业规模化经营。当前，城乡二元结构下的双重户籍制度和差异化社会保障制度，使大量外出务工农民没有彻底脱离对土地的依赖性，致使土地流转周期较短，不利于农业新型经营主体开展规模化经营和持续性投资，严重影响了土地利用效率。再次，西部地区地形地貌复杂，自然环境相对较差，土地经营成本偏高。相比中东部以平原为主的地形地貌，以及潮湿、光照充足的自然环境，西部沟壑、丘陵、盆地等地形地貌复杂，农业生产条件相对恶劣，农业耕地分散，耕种难度大，投入成本高，风险可控性较差。

2. 农业产业化程度低、生产成本高制约农民增收

虽然近年来我国农业发展取得了突破性进展，但仍存在地区差异大、发展不平衡等问题。对于西部地区来说，农业发展尚处于起步阶段，整体水平还比较落后。调查发现，西部农业生产仍然以个体户、家庭为主，农业产业链短、产品附加值低、深加工有限等严重制约了西部农业的纵深发展。这种小规模的农产品加工方式，一是将会增加农业生产的成本。由于农业经营主体规模小，使农业生产者既不具备与农业生产资料提供者讨价还价的能力，也不具备与初级产品收购企业、农产品加工企业、销售企业讨价还价的能力，农业生产者从农产品最终消费者手中得到的利润增值极其有限。同时，由于个体农户在生产经营过程中往往只关注眼前的利益，缺乏市场判断能力，造成扎堆生产或恶意竞争行为，不利于农业发展和市场化运作。二是不利于专业化农业生产和农产品品牌效应。小规模生产会影响标准化生产，这不利于扩大销售。然而，只有农产品的品牌化、标准化和专业化生产才能保证农产品的质量，提高产品知名度，稳定市场份额，扩大市场销量，确保市场利润。三是会影响农产品加工业的发展。据统计，中国西部农业和农产品加工业产值为1∶0.44，美国为1∶3.7，日本为1∶3.2。由此可见，西部工业化落后导致的农产品加工价值低影响了农民收入。

3. 农业科技含量偏低制约农业发展

从我国自然资源的分布来看，虽然西北地区在总量上具有优势，但人均资源仍相对匮乏。为了满足西部地区人民对农产品数量和质量的需求，单纯依靠巨大的资源消耗来推动经济发展是不现实的。因此，西部农业只有通过技术进步和人才培养才能实现增长。目前，西部地区科技兴农存在许多问题。首先，对农业研究和农业推广的投资严重不足。从投资比例来看，西部地区的投资远远低于东部地区。但从纵向比较来看，其投资仍在增加。据国家统计局《2018 年全国科技经费投入统计公报》数据显示，2018 年西部研发经费投入总额为 2 341.8 亿元，占全国的 11.9%；西部平均投入强度 1.03%，低于全国平均水平 2.19%。其次，农业技术进步对农业发展的贡献相对较低。改革开放以来，西部地区在提高农业科技水平方

面取得了很大进步，但仍存在农业科研与生产紧密结合、基础研究薄弱、创新能力低、农业科技进步贡献率低等问题。目前，中国农业科技进步贡献率为40%，比发达国家低20个百分点左右。最后，科学技术的普及在很大程度上依赖于人才。与全国相比，西部地区人才外流现象十分严重，而且相当一部分农民不完全了解现代农业，这在一定程度上制约了现代农业科技的普及。

4. 农业生产专业人才匮乏制约农业现代化

农业现代化的过程包括基础设施等物质条件的改善，但更重要的是科技进步带来的人的综合素质的提高。虽然西部地区存量劳动力在数量上占有较大优势，但我们也可以明显看到滞留在农村的劳动力资源以“老弱病残”为主，农业可持续发展的预期性较差。另外，西部地区由于环境封闭，居住相对分散，传播知识的速度相对较慢，严重制约了西部农业的发展。从发达国家农业发展的经验来看，只有拥有高素质的劳动力，才能推动农业的快速发展。目前，据不完全统计，西部农村大学及以上文化程度的人口仅占0. 16%，每万人中农业科技人员仅占5. 29人。这种低水平的教育难以满足经济社会快速发展的需要，导致先进技术在农业中的应用困难，科技成果转化率低。此外，受小农思想的影响，中国西部大部分农民知识面窄，生活经验单一，思想僵化，对农业科技的信心不足。与此同时，随着互联网的迅速发展，农业生产从收集市场信息到确定生产数量和类型，再到农产品销售，已经越来越信息化和智能化，掌握现代信息技术的营销人才匮乏也导致西部农业远离国际市场，部分西部特色农产品滞销严重。因此，培养能够理解电子商务的专业人才成为当务之急。西部农业要发展，就必须加大人才培养力度。

（二）西部农业现代化发展路径

在中国西部持续推进农业现代化发展是长期又艰巨的任务，是一项浩大工程。与传统农业相比，现代农业强调更加高效的土地产出率、更加完备的物质保障、更加强大的科技支撑、更加发达的产业体系、更加完善的经营形式、更加现代的发展理念和更加先进的农民群体。当前，西部需要立足实际，深化农业供给侧结构性改革，持续推进土地制度改革、加大科技投入力度、分步推进农业产业化、积极培育新型职业农民，使农业发展从严重依赖物质资源消耗和满足数量需求向追求绿色和可持续、注重满足质量需求转变，实现农业稳产增效、农民增收致富和农村绿化环保。

1. 深化土地制度改革，为农业现代化发展提供制度支持

当前，世界经济更加开放，竞争更加激烈，家庭联产承包责任制的土地管理制度继续改革与创新。2016 年 11 月，中共中央、国务院制定了《关于完善农村土地所有权承包权经营权分置办法的意见》，提出的“三权分置”改革顺应了新时代现代农业亟须规模经营、土地综合利用效率提升和新型经营体系构建的发展趋势。在深化农村土地制度改革过程中，我们应该在坚持土地集体所有的基础上，在放开经营权、承包权等用益物权上积极探索，大胆创新，不断规范现行优质耕地市场化运营的制度框架，不断丰富农村宅基地、集体经营性建设用地在不改变土地性质的基础上参与市场流通转让、承包转租等农业生产经营活动的实践案例，不断挖掘山荒地、盐碱地、滩涂地等劣质土地的生产潜力，不断增强和保护经营主体合法权益，稳定经营预期，推进土地经营权向新型经营主体集中，鼓励更多的农业大户积极投身到改良土壤、提升地力、建设农业生产配套设施、改善农业生产条件的活动中去。西部地区只有紧跟全国土地制度改革的大势，农业现代化才有望尽快实现。

2. 推广规模化经营，为现代农业发展提供前提

要实现现代化，首先要实现规模化。只有实现农业规模经营，才能降低分散经营带来的成本与风险偏高问题。首先，规模化经营可以解决农业生产管理的信息化问题。市场经济条件下，单家独户的生产方式使农产品市场供过于求和供不应求现象同时并存。随着科技的发展，结构性供需矛盾可以借助现代信息技术得以解决。当前，农业信息技术服务的相关组织蓬勃发展，充分实现了信息收集、处理和分析的系列强大功能，通过大数据和云计算，使农业生产更加科学。其次，大规模经营模式有利于产业化和品牌化的建立。产业链的延伸使传统农业生产者由全能型向专业化转变，并将风险分散到生产的各个环节。这种专业化生产使各个环节的产品

质量既相互影响，又不可或缺，使生产者更加重视全链条、无死角的产品质量监管，推动产品质量意识与品牌意识的形成。最后，适度的规模有利于先进技术的使用，使农业生产更加规范化。单家独户的管理模式不利于农民使用大型机械和农业知识的培训。农业生产规模扩大后，农民将因地制宜地使用专业的农业机械，减少农业劳动力投入，更加重视现代种养技术、科技知识的学习。

3. 扩大现代科技投入，为农业现代化发展提供科技支撑

科技进步可以提供农业生产经营的高端技术装备、高质量生产资料、高品质的优良育种、高素质人才队伍，提高劳动生产效率，提升产品品质，实现规模效益，加速农业现代化发展进程。西部农业现代化的根本途径是增加科技投入，以科技推动西部农业发展和产业结构升级。首先，政府要持续加强农业科技研发力度。政府需要进一步加大重大农业科研项目政府资助支持，促进农业科技创新成果转化，搭建农业营销、服务、学习平台。其次，要逐步建立农业科技创新体系。政府应重视农业科技人才引培工作与政策持续供给，提高一线农业科技人员待遇与农业生产、经营、研发、技术推广的积极性，推动科技成果转化。最后，要扩大开放的科技合作，建立和完善农业科技推广体系。在推进公益性服务组织的同时，要根据市场变化，通过中介等服务体系，将科技创新与农业生产、经营、管理紧密联系起来，完善农业产业链各个环节之间的利益联结机制。

4. 加快培养新型农民，为现代农业发展储备优质劳动力

西部地区农民文化水平的高低将间接影响该地区农业现代化的程度。随着农业生产方式的转变，大量先进技术和高效农业管理理念被引入农业生产。然而，由于农业“靠天吃饭”的特征，风险高、边际收益增长有限，导致大量青壮年劳动力背井离乡、放弃农村和土地，农村优秀人才更热衷收益高、风险相对稳定的二、三产业。要解决农村颓废问题，就必须重视农业人才培养、引进工作，把优秀的人才引进来，留下来，发展起来。首先，政府务必重视人才外流，从政策上鼓励人才到农村去，留在农村，促进农村发展。支持农村土地流转，对从事规模化经营的个人或团体给予物质补贴和技术指导，支持其职业化发展。其次，重视西部地区的农

民进行再教育。根据农业生产的需要，充分利用手机、电视、广播等手段传播农业现代科技，提高农民的整体素质。要特别重视年轻人的农业技术培训和再教育，鼓励老一辈农民一对一指导新一代农民，不断培养和壮大农业生产的接班人。最后，形成大学生返乡补贴机制。国家应保持大学生进村进社、下基层计划的稳定性，保障大学生基层就业奖励预期，鼓励大学生扎根农村创业、就业。只有这样，才能顺应人口红利日益减少的趋势，才能把依靠劳动力资源的优势转化为人力资本的优势，不断提高农民的整体素质，实现农民收入持续、稳定增长。

（三）广西乡村振兴路径选择

1. 发展“互联网+”模式

（1）树立互联网技术意识。

首先，新型农业经营主体要拥有互联网意识。其次，公共部门中的涉农单位与机构要加强互联网意识的学习培训，大力组织互联网知识培训班，积极宣传与传授互联网知识，培育各单位以及机构公务人员形成互联网意识，推动互联网技术与农业产业发展的融合。“互联网+农业”融合发展需要具有互联网知识技术、传统农业技能、农业互联网经营经验的复合型高素质人才。但是对于人才培养，目前主要采用吸引外来人才或者本地培养两种方式。基于此，要通过高工资、高福利、配套基础设施、落户政策等优惠的人才引进政策吸引有志于从事农业、推动农业发展的优秀大学毕业生，并大力培育本地人才，重点培养符合“互联网+农业”发展要求的新农人。新农人指的是有文化、懂技术、具有营销技能的农民，是随着智慧农业的发展而产生的新型农民。新农人的培养要遵循循序渐进原则。我国农民基数大，知识文化水平较低，思想意识重视程度不高，对待互联网等新兴事物的接受能力有限，因此，传统农民向新农人的转变需要时间、精力、技术等，不能一蹴而就，必须建立合理的培养机制，逐渐加强人们的互联网意识，以逐步提高现代化农业的发展水平。

（2）加快现代信息技术融合应用。

为进一步推动现代信息技术在农业全产业链中的融合应用，需要首先构建起“互联网+农业”发展网络，实现互联网从农业种植到丰收销售的全覆盖，从而实现销售渠道在互联网支持下的提档升级。对于有着丰富特色资源的广西而言，要实现特色产品的更大范围的销售和推广，也更加需要借助互联网实现腾飞，而实现腾飞的前提则是基于传统基础上的提档升级。因此，需要在互联网成为重要推动力的新时代下，大力开发农业多种功能，延长产业链、提升价值链、完善利益链，通过保底分红、股份合作、利润返还等多种形式，让农民合理分享全产业链增值收益。即在“互联网+”背景下，“智慧农业+主导企业”与“农村电商+农户计划”作为两种有效促进农业产业化升级的全产业链模式，为促进农业向其他产业延伸即推动一、二、三产业融合增加农民收入提供了动力和方向。实施农产品加工业提升行动，鼓励企业兼并重组，淘汰落后产能，支持主产区农产品就地加工转化增值。重点解决农产品销售中的突出问题，加强农产品产后分级、包装、营销，建设现代化农产品冷链仓储物流体系，打造农产品销售公共服务平台，支持供销、邮政及各类企业把服务网点延伸到乡村，健全农产品产销稳定衔接机制，大力建设能够广泛促进农村电子商务发展的基础设施，鼓励支持各类市场主体创新发展基于互联网的新型农业产业模式，深入实施电子商务进农村综合示范活动，加快推进农村流通现代化。

（3）推进“三农”综合信息服务。

一是完善相关政策。立法机构要积极收集民意，并组成专家组商讨有关法律法规的补充、修改与完善。二是增强基础设施和装备支撑。互联网平台要紧跟技术的变迁，不断改进与创新，适应时代的发展。该平台要集农业生产、农业信息监测、农业市场管理、农业物流为一体。三是建立质量保障机制。“互联网+农业”在发展过程中可能会出现农产品质量问题，公共部门要通过必要的公共服务措施建立质量保障机制，把好农业质量关。四是完善公共服务。要推进信息技术与生产、加工、流通、管理、服务和消费各环节的技术融合与集成应用，提升技术装备水平，完善农村互联网基础设施和物流体系，为农村一、二、三产业融合发展奠定坚实的信息化基础。五是完善农村互联网金融服务。乡村振兴战略的实施必然需要一大批有志于发展农村产业的新型经营主体来推动，而新型经营主体在推进具体项目的过程中，必然会需要更多的资金来加以支持。

2. 发展乡村旅游助力乡村振兴

（1）提升在乡村旅游的获利能力。

乡村旅游社区贫困人口由于资本和权利都极度缺乏，很难找到一条途径来分享旅游开发收益，乡村旅游社区成为外来投资者的“飞地”，出现这种情况，有贫困户本身的天然情况，比如在涉及旅游开发铺面招租过程中，任何一个人都可以判断出有利可图，但是“一间铺面动辄数万甚至数十万，而招标方根本不考虑外来者和本地居民的经济实力差距”的现实情况，不得不说也是农民利益被损的原因之一。同时，掌握着项目审批权的政府“并不能确切了解如何行动才能最有效地帮助贫困人口摆脱贫困”，从而致使资金不断低效率使用。这就需要在扩大人民群众尤其是农村贫穷人口的发言权上不断努力，以他们自主权的扩大，实现机会均等和防止利益被剥夺。同时，通过把人民群众从中获得利益以及是不是改变贫穷状态作为评价和考核的标准，以结果导向来优化涉及的各环节。

（2）积极打造“互联网+乡村旅游”模式。

在互联网迅速发展和利用并服务于人民基本生产生活的时代，要更加注重互联网在乡村旅游中的应用。随着 2020 年全面建成小康社会以来，剩下的没有脱贫的都是难啃的硬骨头。这种情况下，可能更多的贫困人口是需要政府政策兜底的，而政府所提供的帮助和扶持可能是杯水车薪。所以，借助乡村旅游的发展，及时把当地一些确实贫困的人口信息发布出去，以号召更多的社会组织、社会人员参与到帮扶工作中。这就一方面减轻了政府压力，另一方面也实现了贫困人口的脱贫，打通了贫困人口以及贫困人口所在地与外界的沟通、联系和交流，实现了精准帮扶和精准脱贫。以互联网为主要载体的互动扶贫交流平台，对推动贫困人口贫困问题解决至关重要。

（3）着力实现全域旅游发展。

实现地区全域旅游发展，做到“人人是形象，处处是环境”是实现全域发展的内在含义。结合乡村的本质特点，“生态、生产、生活”三位一体的乡土性休闲空间和场景，是乡村旅游的核心竞争力和独特卖点，三者之间的彼此依赖、互相融合才使得乡村旅游具有了真实、质朴的乡土品质。在这个过程中，一些适合发展乡村旅游的贫困地区将休闲业、旅游业等新的产业作为其经济发展的增长点，休闲业、旅游业确实是一个投入较小而收入较大、投资较短而收益长效的优势产业。这就给发挥乡村资源优势，发展具有本地特色的创新创意文化，从而实现人民群众收入增加提供了一个方向。

（4）建立乡村旅游扶贫的长效机制。

建立乡村旅游扶贫的长效机制，关乎一个地方的持久稳定发展。作为产业发展的乡村旅游业，要注重充分发挥当地群众的优势和能力，以制度化、体系化、规范化的形式把当地群众参与具体决策的有关内容固定和确认下来，以实现就业、扩大生产、提高收入作为根本的衡量标准，着力实现充分就业和普遍增收。同时，要克服立竿见影的思维倾向，树立起久久为功的态度意识，从更加长远的社会效益角度来看旅游扶贫工作，这无论是对于当地政府而言还是对于当地群众而言都是至关重要的。

第二节　赣南乡村产业振兴实践

信丰县西牛镇位于信丰县北部，2001 年 5 月由西牛、黄泥、星村三乡合并建成镇。南接嘉定镇、信丰县工业园，西临大阿镇、油山镇，北邻赣县区王母渡镇、阳埠乡、南康区龙回镇。东西跨度 35.2 千米，南北跨度 15.5 千米，距信丰县城 10 千米，镇域总面积达 234 平方千米。全镇地势西高东低，东北部和西北部群山环绕，中南部多为丘陵，土壤以红壤为主。最高峰天华山，主峰海拔为 748.5 米；最低点五羊村乌漾滩，海拔为 135 米。属中亚热带季风湿润气候，年平均气温 19.40 ℃，年降水量达 1 500.7 毫米，无霜期为 297 天。镇内经济以农业为主，有耕地 41 762 亩。主种水稻，盛产烤烟、甘蔗、花生、大豆、西瓜、蔬菜、甜玉米等经济作物，是安远县烤烟、甘蔗主要产地之一。共辖 33 个村，4 个居委会，486 个村民小组，13 500 户，6.5 万人。西牛镇交通便利，105 国道、京九铁路过镇内。信丰县工业园区占地面积为 14.6 平方千米，其中大部分占地位于西牛镇，信丰县纳税大户海螺水泥、集友日用品等企业均位于西牛镇。本节以西牛镇下辖的曾屋村为例，具体研究其脱贫攻坚、产业发展与乡村产业振兴情况。

一、赣南信丰县总体情况

信丰县西牛镇曾屋村资源丰富，主要产品有水稻、蔬菜、脐橙、红心火龙果、小白草莓、小香瓜、烟叶、甜玉米，砂质土壤非常适合种植瓜果蔬菜。曾屋村村民贫困，原因主要有以下四个方面：一是身患大病致贫，二是缺劳致贫，三是文化低下致贫，四是观念落后致贫。中共中央、国务院印发的《中国农村扶贫开发纲要（2011—2020 年）》提出，在农村扶贫开发工作中，各地要“积极探索发展壮大集体经济、增加村级集体积累的有效途径”。《中共中央、国务院关于打赢脱贫攻坚战的决定》提出，贫困地区发展壮大集体经济的重要途径是加强农民合作社的培育工作。曾屋村几经探索与实践，基本找到了一条比较适合自身特色的集体经济发展之路。党的十一届三中全会后，农村实行了统分结合的经营体制，分产到户激发了广大农民的生产积极性，很快改变了中国农村、农民的命运。但是，进入 21 世纪以来，其固有的弊端日益暴露。随着大量青壮年人口离开农村，空巢家庭、“空壳村”现象日趋严重，农村的衰败气息不断加重。这种现象的出现既是农业比较效益不断降低的结果，也与既有的经营体制密切相关，曾屋村积极尝试增加村集体经济收入的办法。结合信丰县大力发展烟叶种植的情况，通过烟叶种植，一方面可以增加村民收入，另一方面村集体也可以从中获得烤烟返税、烤烟收购奖励等收入。

二、赣南信丰县振兴三要素

（一）看准政策机会

近年来，曾屋村的发展主要抢抓了以下三大政策机遇：第一，《国务院关于支持赣南等原中央苏区振兴发展的若干意见》所赋予的政策机遇，曾屋村紧紧抓住了这次千载难逢的机遇。第二，脱贫攻坚政策机遇。为了确保如期完成脱贫目标，中央地方出台了系列特殊扶持政策，实行中央统筹、省负总责、市县抓落实的工作机制，曾屋村在信丰县委农工部的对口帮扶下，大力进行基础设施建设，改善民生，实施精准扶贫、精准脱贫。第三，信丰县的政策机遇。信丰县从实际出发，结合自身资源禀赋，积极进行政策布局，尤其在产业发展上精心谋划，着力发展农业产业，期望借助国家农业农村部对口支援的东风，建设现代农业，实现农业产业的转型升级。

（二）建立利益共同体

第一，合作社鼓励村民以土地、资金等各种生产要素入股。为确保村集体经济收入，曾屋村党支部根据有关政策规定，将上级部门投放到村兴办基础设施的项目资金，折成合作社25%的股权，无偿划归村集体所有。25%的股权收益作为村集体经济收入，从而实现在合作社发展的同时，村集体经济同步发展。第二，“利转股”，确保脱贫可持续。在脱贫攻坚战中，赣州市在金融扶贫工作中创造性地出台了“产业信贷通”政策，支持有劳动能力、有产业发展意愿的贫困人口通过银行贷款获得产业发展启动资金。曾屋村依托憨农田园农民专业合作社，采取“合作社+贫困户”的发展模式，大力推进产业扶贫。针对曾屋村贫困户的特殊情况，合作社采取贫困户土地入股、金融扶贫贷款入股的方式鼓励其加入合作社，同时优先安排贫困户在合作社就业。第三，资源入股，为无劳动能力者收益兜底。其方法是吸纳这类贫困户自愿以土地、山林、土坯房等自有资源折价入股憨农田园农民专业合作社，成为合作社股东；合作社年终分红时，该贫困户依据其所占股份多少获取相应的分红所得。

（三）建立重点管理团队

农村集体经济的发展壮大离不开强有力的农村基层党组织和自身本领过强、作风过硬的带头人。西牛镇党委高度重视曾屋村党建工作，在为该村物色领头人。曾梓清从2011年11月任村书记以来，西牛镇党委政治上高度信任，曾梓清自身坚持带头。曾梓清自1992年毕业后，被分配至信丰县矿产局工作，1998年从事农特产品生产营销，打造了烟叶、药材生产基地，组建成立了天华山蔬菜专业合作社，年产值达100多万元。在他的感召下，原先在外地工作的一些年轻人先后返回，参与家乡建设。为了进一步提升曾屋村组织化程度，在村支部下还成立了党小组。党支部通过党小组将全体党员联结起来，在引进外来技术、产业发展、土地流转等方面发挥宣传、带头、示范和引领作用。在曾屋村之下，除了原有的村民小组外，还在合作社成立了党支部，在村里成立了理事会，从而进一步提升农民的组织化程度。

三、农民利益共同体的打造

（一）发展目标

曾屋村产业扶贫的发展思路是：以产业富民、生态美村、旅游强园，着力打造现代农业产业园为目标。通过构建蔬菜产业基地，以生态种植、绿色养殖为主导，大力发展蔬菜产业。重点工作有两项：一是发展蔬菜产业，二是建设美丽乡村。发展蔬菜产业。主要以憨农田园农民专业合作社为支撑，发展模式有三种：一是采取“合作社+农户”的发展模式，吸收农户入股，通过农技示范、服务、培训、推广把农业新品种和适用技术，推广辐射到周边各地，带动周边农户发展蔬菜产业；二是采取“合作社+贫困户”的发展模式，积极发挥产业扶贫的带动作用，针对贫困户采取土地入股、金融扶贫贷款入股的方式，同时吸纳贫困户就业，带动贫困户脱贫致富；三是采取“合作社+专家”的发展模式，采用新技术，培育新品种，做到人无我有、人有我优，提升农产品的附加值。建设美丽乡村。遵循现有居住特点，实施改造升级，美化乡村环境。建设老谭屋组、上屋仔组、老曾屋组、坪石塘组。中心居民点设在大水塘组，是曾屋村核心地带。内设超市、医务室、老人公寓（养老服务中心）、居民活动中心、休闲广场等完备的公共配套设施，努力打造成环境花园化、服务管理社区化的先进村居发展模式。

（二）基础设施的完善

在信丰县委农工部结对帮扶下，曾屋村及其憨农田园农民专业合作社基础设施建设获得了大量政策资源。2013 年主要是饮水工程和河堤加固工程，2015 年其现代农业和精准扶贫示范基地项目建设被列入到信丰县精准扶贫重大项目中，获得了上千万元的资金投入。曾屋村现代农业和精准扶贫示范基地于 2015 年开始规划建设，2015 年 8 月温室大棚、道路、沟渠、水电等基础设施已基本完成并投入使用。为加快建设进度，2016 年西牛镇专门出台了《曾屋村现代农业精准扶贫综合示范点项目建设实施方案》，成立曾屋村现代农业精准扶贫综合示范点项目建设工作组。西牛镇决定奋战 100 天，全力以赴打造曾屋村现代农业精准扶贫综合示范点，让曾屋村村容村貌大改观、产业基础更加扎实、现代服务业效应加快显现、农民收入持续增加、农村活力显著增强，成为现代农业发展先行区和示范区，精准扶贫、党建、创新社会管理等工作示范点，集中精力打造亮点工程和精品工程，顺利迎接赣州市“六大攻坚战”流动现场会的召开。

四、憨农田园农民专业合作社的运行

（一）采取“1+2”模式

曾屋村打造了“憨农田园农民专业合作社+现代农业产业园+龙头企业”，“1+2”三方多赢模式。“1”就是憨农田园农民专业合作社，在整个模式中发挥支撑作用；“2”是现代农业产业园——曾屋村现代农业综合示范点和一些龙头企业。曾屋村以憨农田园农民专业合作社为核心平台，大力建设现代农业产业园，靠大联强引进中国香港华记农业开发有限公司、鹭溪农场等农业龙头企业，采取“订单式”“直销式”销售模式，拓宽销售渠道，提升科技含量和种植水平，做大做优做强蔬菜产业。一是着力打造农业物联网云平台、农产品质量安全监管追溯平台、农产品电商平台三大平台，严格把控生产、质量、销售三大环节，规划建设现代农业展示馆、智慧农业展示中心、农家旅馆、农耕文化展示馆、现代农业休闲观光旅游步道。二是以县城社区直营店的 APP 线上销售和实体店的线下销售相结合。三是着眼长远，以曾屋村为点规划 5 200 亩大型园区，带动发展旁塘村、双溪村、石头塘村、东甫、五羊等村蔬菜产业，挖掘发挥天华山、五洋电站水面、石头塘自然景观资源，将蔬菜产业与休闲旅游观光紧密结合，打造集蔬菜产业发展、农业体验、水上娱乐、登山休闲于一体的新型生态农业旅游区。

（二）建设现代农业先行区

第一，大力发展种养业。自《国务院关于支持赣南等原中央苏区振兴发展的若干意见》正式实施以来，在国家农业农村部对口支援下，信丰县的农业获得了政策、资金等多方面资源支持。曾屋村借力国家现代农业示范区，充分争取上级政策、资金支持，一方面大力完善农业基础设施建设，另一方面继续调整完善农业内部产业结构，建设现代农业示范园，着力发展蔬菜、水果等特色产业，同时专门高薪聘请山东寿光的蔬菜种植专家就地技术指导，培育种植无刺水果黄瓜、羊角蜜、美国长椒、哈密瓜等果蔬，其中部分果蔬为全赣州市，乃至全省首次试种成功。第二，整合多方资源，探索多业兼营。曾屋村自然景观资源相当丰富，空气优良，还有不少热心支持家乡发展的能人。为充分发挥资源效用，曾屋村不仅着力发展农业内部的兼业经营，种养并举，而且尝试产业融合，以现代农业示范园为核心，将果菜产业与乡村旅游业紧密结合，充分挖掘天华山、桃江水面、石头塘自然景观资源，打造新型特色区域，从而让游客体验农家风味、游览绿色生态基地的同时，在大自然中养身健身，进一步延长现代农业示范园的产业链，提升其附加值，成为乡村旅游的美丽缩影。

（三）构建完善产业链

第一，市场化运营。曾屋村以价值链为核心，采取市场化手段，构建了合作社、村民、企业多方利益主体紧密结合的运营模式。首先，在憨农田园农民专业合作社内部，股东既有村集体，也有村干部，还有普通村民、建档立卡贫困户。各个利益主体按照所占股份分红，参与经营管理以及付出劳务的社员，则依照市场原则支付工资。其次，在村内，属于合作社的雇员则按照市场原则给付薪酬。最后，其他与合作社形成上下游供求关系的利益主体同样依照市场规则发生交易关系，各自独立核算。第二，品质化管理。在建设现代农业产业园过程中，曾屋村高度重视农产品结构，用工业理念发展农业，注重产品品质。与山东蔬菜集团、北京绿山谷公司建立合作关系，引进樱桃、西红柿、红心火龙果等果蔬新品种；高薪聘请寿光蔬菜种植技术人员长年驻扎基地指导管理；建立设施农业，确保果蔬生长环境高品质。第三，品牌化经营。曾屋村十分重视品牌的作用，不仅注册了“曾小农”果蔬商标，还引进外资企业的营销管理人员，合资成立了曾小农蔬菜销售有限公司，并开设了蔬菜销售超市，着力打造农业物联网云平台、农产品质量安全监管追溯平台、农产品电商平台等三大平台，严格把控生产、质量、销售三大环节，规划建设了智慧农业展示中心、蔬菜储藏配送中心、蔬菜销售中心三大中心，拓宽销售渠道。

第三节　山东菏泽市乡村产业振兴实践

一、菏泽市乡村产业发展的基本情况

（1）农业生产已具规模。

2018年，菏泽市粮食产量773.35万吨，占山东省的16.37%，居全省17市第2位；棉花产量12.59万吨，占山东省的36.49%，居全省17市第1位；蔬菜及瓜类产量1 037.89万吨、油料产量22.97万吨，分别占山东省的16.37%和7.01%；肉类产量74.76万吨、禽蛋产量49.74万吨、淡水产品产量13.17万吨，分别占山东省的9.68%、11.07%和8.81%。同时，农田林网面积980万亩，活立木蓄积量2 028万立方米，占山东省的15.55%。

（2）农副产品特色突出。

菏泽市牡丹有9大花型、10大色系、1 291个品种，是全国花色最全、品种最多、面积最大的牡丹主产区；菏泽木瓜富含有机酸、氨基酸和维生

素等营养成分，荣获国家星火计划推广产品；菏泽耿饼具有霜多肉厚、甜味适中、透明无核等特点；鲁西黄牛、小尾寒羊、青山羊被专家称为“三大国宝”，为全国著名畜禽产品。同时，鲁锦、条编、芦笋、西子山药、黄河鲤鱼、东明西瓜等特色农产品，也闻名全国。

（3）农村电商蓬勃发展。

菏泽市为山东省电子商务示范城市，正在创建全国电子商务示范城市，曹县、单县和鄄城县等 5 县区荣获山东省电子商务示范县称号。全市淘宝镇 24 个，占山东省的 2/3、全国的 1/10，居全国地级市第 1 位；淘宝村 168 个，占山东省的 2/3、全国的 1/12，其中曹县大集镇 32 个行政村实现淘宝村全覆盖。全市设立县级电子商务服务中心 11 个，建成镇村电子商务服务站点 7800 多个。

（4）产业融合加快推进。

菏泽市采用“公司+基地（协会）+农户”等产业化运作模式，加快农林牧渔业与生态旅游、文化教育和生命健康等产业深度融合，推动乡村利益共同体建设，形成了以粮食、果蔬和畜牧等为代表的三次产业融合发展体系。2017 年，全市规模以上农副产品加工企业 1 929 家，其中国家级龙头企业 3 家、省级龙头企业 10 家，实现主营业务收入 2 881 亿元。同时，全市还建成省级现代农业产业园区 15 个、省级休闲农业和乡村旅游示范点 3 个。

（5）创新能力显著增强。

菏泽市有省级以上农业科技示范园 9 家，实现了县区全覆盖；省级以上科技孵化器 7 家，其中国家级 2 家；省级以上众创空间 26 家，其中国家级众创空间备案 7 家；省级备案“农科驿站”40 家，其中巨野县山头村等 10 家“农科驿站”被列入山东省首批建设试点。全市引进、选育一大批动植物新品种（系），其中油用牡丹高油新品系等 7 个项目被列为山东省农业良种工程。目前，全市普遍实现了新品种更换，良种覆盖率达到 99% 以上。

（6）基础设施基本配套。

菏泽市实施了农田水利设施建设、农村电网改造和村村通公路等工程，建有平原水库10座、主要河道16条、机井近15万眼，农田有效灌溉面积达到80%；农村供电线路2.1万公里，农村公路2.26万公里；农机动力899.12万千瓦，农作物耕种收综合机械化水平达到87.1%；建成高标准农田490万亩，占耕地总面积的39.3%。全市田、水、路、电、机、站等基础设施体系基本建成，为乡村产业振兴创造了条件。

二、菏泽市实施乡村产业振兴面临的问题

由于菏泽是人口大市、经济小市、财政弱市，所以在乡村产业振兴的过程中，必将面临许多的问题，应引起高度重视。

（1）农业产业化水平低。

菏泽市的大部分乡村以农业为主，停留在传统的种植、养殖、初级加工阶段，仅有小部分乡村开展了农产品加工，并通过商贸物流等环节，提高其综合效益，尚未形成配套完整、有机结合、特色突出的乡村产业链条。

（2）产业层次相对不高。

菏泽市农产品的加工转化率仅63%，低于山东省平均水平，并且80%的企业属于初加工企业，生产的产品附加值不高，综合效益较低。同时，全市农产品仅有14个省知名品牌、1个区域公用品牌，品牌效应发挥不充分。

（3）骨干企业带动不强。

菏泽市规模以上农副产品加工企业平均资产仅为4 000万元，比山东省平均水平低65%。全市主营业务收入过10亿元的农副产品加工企业仅有8家，其中“领头羊”中粮艾地盟只有40亿元、居第2位的东明五得利也仅为20亿元，故带动能力不强。

（4）科技创新能力偏弱。

与发达市相比，菏泽市存在农业科技推广站、农业科技园区和农业科技人才等相对较少的问题，又加之全市社会研发费用仅占地区生产总值的

1.4%，低于山东省平均水平1个百分点，致使科技成果转化率低于20%，科技贡献率仅为56%。

（5）生态环境制约突出。

由于农民绿色发展、低碳发展、可持续发展观念淡薄，至今农业生产仍采用大水、大肥、大药的模式，致使生态环境自身修复功能下降，并且出现部分土壤板结、有机质下降和污染增加等现象，已成为制约乡村产业振兴的突出问题。

（6）乡村人才严重不足。

一方面，由于农村的生活条件和工作环境与城镇相比差距较大，致使农村部分人才流向城镇，造成乡村产业振兴人才严重不足；另一方面，因为乡村吸引人才的政策落实不到位，致使人才流向乡村的速度较慢，已对乡村产业振兴产生严重影响。

三、菏泽市乡村产业振兴路径选择

当前和今后一个时期，菏泽市要用世界眼光、战略思维、创新方式，超前谋划、综合施策、科学推动乡村产业发展，努力在打造乡村振兴齐鲁样板的进程中作出贡献。

（一）引领乡村产业布局规划

要坚持高层次、高标准、高水平原则，依托高等院校、科研院所和规划设计等单位，在充分调查研究的基础上，尽快编制菏泽市乡村产业振兴规划，以进一步明确其振兴的目标、振兴的重点和振兴的举措等。规划应搞好生产力布局，特别是特色产业、新兴产业、战略产业发展布局；同时，还应体现三产融合发展、产业转型升级和产业链延伸等因素，并要与全市乡村振兴战略规划有机结合，力争使编制的乡村产业振兴规划具有科学性、战略性、可操作性。

（二）创新乡村产业振兴政策

要坚持精准性、持续性、长效性原则，参照国家推动乡村产业振兴的政策，研究出台菏泽市支持乡村产业振兴的意见，并从政策创新上寻求突破。一是全面落实农村土地所有权、承包权、经营权三权分置制度，着力拓展农村土地的使用范围。如为田园综合体、产业庄园和特色小镇等匹配适度的建设用地。二是以政府投资为引导，吸引社会资本投入，扶持欠发达县区通过市场运作，发展有特色、有市场、有潜力的主导产业，放大政府资金引导效应。三是制定针对新型经营农业主体的税收、奖励和贷款贴息等优惠政策，并创新金融服务，撬动更多的金融资金和社会资本投入乡村产业振兴。①

（三）完善乡村产业振兴资源整合

要坚持资本化、股份化、市场化原则，激活乡村沉睡资源，挖掘乡村潜在优势，提高乡村内生价值。对乡村宅基地、集体建设用地和闲置低效用地等土地资源，可通过增减挂钩、土地流转和土地市场化等方式，将其整合、开发、盘活；对乡村湖泊、湿地和森林等生态资源，可通过综合治理、文旅开发和要素集约等措施，构建集美丽、生态、宜居于一体的生命共同体；对乡村果蔬、畜禽和水产等农产品资源，可通过电子商务、休闲体验和共享农庄等途径，拉长产业链，提高附加值，拓展市场空间。通过对乡村有形、无形和零散等资源的有效整合、开发和利用，使其成为乡村可获得增收的“利益”产品。②

（四）促进乡村产业振兴融合发展

要坚持多元化、特色化、专业化原则，以农工融合、农商融合、农旅融合为重点，加快三次产业融合发展。纵向上，主要是延伸产业链条，增加生产环节，提升产品附加值，将三次产业深度融合；横向上，主要是整合生产要素，优化运作方向，增强凝聚力，将三次产品融合到种植业或养殖业系统中去。要突出培育一批循环农业、智慧农业和创意农业等新业态，积极发展一批共享农业、会展农业和数字农业等新模式，加快建设一

---

① 张建刚. 新时代乡村振兴战略实施路径——产业振兴［J］. 经济研究参考，2018（13）：75-79.

② 蓝海涛，涂圣伟，张义博. 我国实施乡村振兴战略的对策思考［J］. 宏观经济管理，2018（4）：60-63.

批集农事体验、休闲旅游和田园社区等于一体的综合体，着力拓展农业产业链、价值链、供应链，推进三次产业向多功能方向融合。①

（五）打造乡村产业振兴品牌

要坚持高端化、系列化、市场化原则，紧抓国家发展品牌经济的机遇，加快品牌打造步伐。一是在抓好鲁西黄牛、菏泽木瓜和单县罗汉参等优势农产品调研的基础上，积极开展“三品一标”认证，着力推进品牌建设迈上新台阶。二是深度研发牡丹、芦笋和耿饼等系列农产品，着力提升其产品质量，并全方位开拓市场，打响“中国牡丹城”等品牌。三是依托“中国林产品交易会”国字号品牌，建设中国（菏泽）林产品交易中心。同时，加大鲁锦、西子山药和东明西瓜等宣传力度，力争更多的产品获得中国驰名商标、知名品牌和高端品牌等。②

（六）搭建乡村产业振兴平台

要坚持集约化、配套化、便利化原则，借助国家发展现代农业的良好政策，加快乡村产业振兴平台搭建。一方面，重点抓好粮食生产功能区、重要农产品保护区和特色农产品优势区等建设，突出抓好现代农业产业园、农业科技园和电商产业园等建设，积极抓好田园综合体、“农科驿站”科技创新基地等建设。另一方面，加大新型农业经营主体、新型农业服务主体和农业科技创新联盟等培育力度，并推动农业产业化联合体、现代农业综合体和农产品销售公共服务平台等提档升级，努力构建乡村产业振兴的平台体系。③

（七）建设乡村产业振兴基础设施

要坚持一体化、网络化、功能化原则，持续加大投入力度，补齐农村基础设施短板，努力为乡村产业振兴创造条件。一是全面推进“四好农村

---

① 王红霞．贵州乡村产业振兴研究［J］．理论与当代，2018（7）：13-15.

② 省宏观院体改所．山东加快农业“新六产”的理论与实践研究［J］．山东宏观经济研究，2018（1）：27-39.

③ 姜长云．推进产业兴旺是实施乡村振兴战略的首要任务［J］．学术界，2018（7）：5-14.

路”建设，加快农村公路改造升级步伐，实现自然村通公路目标；积极推进城乡客运公交化和一体化建设，鼓励发展镇村公交，实现城乡公交有机对接。二是持续推进水利基础设施网络建设，重点抓好湖泊、水库和河道等水系连通工程，以及引黄灌区改造升级和病险水库除险加固工程建设。三是强化农村移动和固定宽带网络建设，突出抓好光纤进村入户工程，并完善农村消费、市场和政策等信息服务，推进服务手段向移动终端延伸，服务方式向精准投放转变。四是加快新一轮农村电网升级改造，推动供气设施向农村延伸；加快太阳能、地热能和风能等开发利用工程建设，着力提高农村清洁能源自给率。

（八）培养乡村产业振兴人才

要坚持引领性、带动性、实用性原则，创新引才、育才、用才的体制机制，着力为乡村产业振兴提供人才支撑。一是围绕种植业发展、农机装备和农产品质量安全等，强化协同培养，加大支持力度，打造一批农业科技人才队伍。二是围绕农技推广、畜牧兽医和高效种植等，实施分类培养，健全评价激励，建设一批农村专业人才队伍。三是围绕乡村物流、电子商务和农产品加工等，创新培育机制，规范管理服务，培育一批新型职业农民队伍。四是围绕休闲农业、乡村旅游和特色产业等，深入挖掘培养，突出带动致富，开发一批农村乡土人才队伍。五是围绕新型经营主体培育、农村经济发展和农业提质增效等，加强政策落实，营造良好环境，壮大一批农村创新创业人才队伍。

参考文献

[1] 蔡竞. 产业兴旺与乡村振兴战略研究 [M]. 成都：四川人民出版社，2018.

[2] 袁建伟，曾红，蔡彦，等. 乡村振兴战略下的产业发展与机制创新研究 [M]. 杭州：浙江工商大学出版社，2020.

[3] 蔡保松. 研究型大学助力乡村振兴以浦城县水稻产业为例 [M]. 上海：上海交通大学出版社，2019.

[4] 普雁翔. 乡村产业振兴 [M]. 昆明：云南人民出版社，2020.

[5] 金桂秀，李相奎. 乡村产业振兴提质增效丛书水稻两高一优生产新技术 [M]. 北京：中国农业科学技术出版社，2021.

[6] 彭震伟. 乡村振兴战略下的小城镇 [M]. 上海：同济大学出版社，2019.

[7] 黄修杰. 乡村振兴之产业兴旺 [M]. 北京：中国农业出版社，2020.

[8] 沈晔冰. 文化产业与乡村振兴 [M]. 杭州：浙江教育出版社，2018.

[9] 王鑫. 乡村振兴与农村一二三产业融合发展 [M]. 北京：中国农业科学技术出版社，2020.

[10] 韦艳梅，刘彤，唐勇. 乡村振兴之产业扶贫带头人 [M]. 北京：中国农业科学技术出版社，2020.

[11] 倪锦丽. 吉林乡村振兴的产业兴旺之路 [M]. 长春：吉林人民出版

社，2019.

［12］王茜，孟宪文，（美）朴清．乡村振兴战略与现代农业产业化［M］．北京：中国农业科学技术出版社，2019.

［13］李小丽．乡村振兴与产业发展新动能［M］．北京：红旗出版社，2018.

［14］李全新．现代苹果产业谱写黄土高原乡村振兴新篇章白水县苹果产业发展路径探索［M］．北京：中国农业科学技术出版社，2019.

［15］顾保国，崔友平．产业振兴绿色安全、优质高效的乡村产业体系建设［M］．郑州：中原农民出版社，2019.

［16］刘善庆，刘超．赣南产业扶贫与乡村振兴　赣州市信丰县、兴国县、安远县的实践［M］．北京：经济管理出版社，2018.

［17］侯秀芳，王栋．乡村振兴战略下村镇空间优化与农村产业发展研究［M］．青岛：中国海洋大学出版社，2020.

［18］张耀华．乡村振兴战略背景下我国大健康“医养产业”发展路径与政策选择［M］．北京：中国商业出版社，2019.

［19］肖广江，甘阳英，李伟锋．乡村振兴背景下广东省都市农业产业技术路线图研究与实践［M］．北京：中国农业出版社，2018.

［20］陈国胜．乡村振兴温州样本［M］．北京：中国农业大学出版社，2019.

［21］赵艳丽．乡村振兴看风池［M］．广州：暨南大学出版社，2019.

［22］刘汉成，夏亚华．乡村振兴战略的理论与实践［M］．北京：中国经济出版社，2019.

［23］赵皇根，宋炼钢，陈韬．振兴乡村旅游理论与实践［M］．徐州：中国矿业大学出版社，2018.

［24］刘奇．乡村振兴，三农走进新时代［M］．北京：中国发展出版社，2019.

［25］胡登峰，潘燕，等．安徽乡村振兴战略研究报告 2018 版［M］．合肥：合肥工业大学出版社，2018.

［26］蒋高明．乡村振兴选择与实践［M］．北京：中国科学技术出版

社，2019.

［27］张晓山. 乡村振兴战略［M］. 广州：广东经济出版社，2020.

［28］孔祥智，等. 乡村振兴的九个维度［M］. 广州：广东人民出版社，2018.

［29］沈欣. 乡村振兴农道方案［M］. 合肥：中国科学技术大学出版社，2019.

［30］张禧，毛平，赵晓霞. 乡村振兴战略背景下的农村社会发展研究［M］. 成都：西南交通大学出版社，2018.

［31］温铁军，张孝德. 乡村振兴十人谈乡村振兴战略深度解读［M］. 南昌：江西教育出版社，2018.

［32］巢洋，范凯业，王悦. 乡村振兴战略重构新农业重构适合中国国情的农业"产融五阶"体系［M］. 北京：中国经济出版社，2019.

［33］李长滨. 大数据与美丽乡村建设［M］. 长沙：湖南大学出版社，2018.

［34］荀文峰，等. 乡村振兴的理论、政策与实践研究［M］. 北京：中国经济出版社，2019.

［35］朱启臻. 把根留住基于乡村价值的乡村振兴［M］. 北京：中国农业大学出版社，2019.

［36］陈源泉. 穿越 2050 的乡村振兴愿景［M］. 北京：中国农业大学出版社，2018.

［37］贺祖斌，林春逸，肖富群，等. 广西乡村振兴战略与实践文化卷［M］. 桂林：广西师范大学出版社，2019.

［38］贺祖斌，林春逸，肖富群，等. 广西乡村振兴战略与实践经济卷［M］. 桂林：广西师范大学出版社，2019.

［39］周晖，马亚教. 乡村振兴之乡村自治法治德治读本［M］. 北京：中国科学技术出版社，2019.

［40］陈俊红. 北京推进实施乡村振兴战略的对策研究［M］. 北京：中国经济出版社，2019.

［41］周炜坚. 乡村振兴战略下丽水生态农业科技创新研究［M］. 石家

庄：河北科学技术出版社，2019.
[42] 张芬. 乡村振兴战略下农村文化建设研究［M］. 长春：吉林大学出版社，2020.
[43] 田阡. 多学科视野下的农业文化遗产与乡村振兴［M］. 北京：知识产权出版社，2018.